가슴 뛰는 삶을 위한 메모 사용 가이드북

단지 메모만 했을 뿐인데

유영택 지음

PROLOGUE

'메모*는 가장 강력한 삶의 도구다.'

앞을 못 보고 소리도 듣지 못하는 헬렌 켈러는 암흑과 고통 속에서 어린 시절을 보낸다. 어느 날 가정교사인 설리반 선생님이 우물가에서 손바닥에 'WATER'라고 적어준 순간 모든 사물에 이름이 있다는 것을 깨닫는다. 이로 인해 헬렌 켈러에게는 빛과 희망의 새로운 세계가 열린다.

대학생이던 래리 페이지는 잠을 자다가 '모든 인터넷 웹을 링크할 수 있으면 어떤 일이 생길까'라는 아이디어가 떠올라 바로 자리에서 일어나 생각을 메모지에 적는다. 그리고는 친구를 찾아가 자신의 구상을 밝힌다. 이렇게 해서 공동으로 창업한 스타트업 기업

* 메모의 사전적 정의는 '기억 · 전달하기 위한 짧은 글'이지만 이 책에서는 '형식에 맞추지 않고 그때그때 적는 글'로 메모의 개념을 확대해서 사용한다. 따라서 일기와 편지 등도 모두 메모의 범주에 포함된다.

이 구글이다.

미스터트롯 프로그램을 통해 일약 연예계 스타로 부상한 임영웅은 가수로 데뷔하기 전 수첩에 '2020년 엄마 생일날 현금 1억원 주기'라고 적는다. 그리고 5년 후인 2020년에 미스터트롯에서 우승을 함으로써 그 꿈을 이룬다.

이러한 감동적인 이야기들의 공통점은 뭘까? 메모가 그 밑바탕에 깔려있다는 것이다. 적는 행위가 없었더라면 헬렌 켈러가 장애를 딛고 사회활동가이자 작가가 될 수 있었을까? 구글이 탄생할 수 있었을까? 임영웅이 꿈을 적지 않았더라면 지금의 자리에 설 수 있었을까?

이렇듯 메모의 힘은 대단하다. 그래서 메모가 가진 힘을 '마법', '기적'이라고 표현하기도 한다. 메모는 나 자신을 바꾸는 계기가 되고, 세상을 변화시키는 추진력이 된다. 그러한 사례들은 수없이 많다. 메모를 일상생활과 업무에 적용함으로써 효과를 거둔 사람들의 사례도 엄청나게 많다.

메모가 이렇듯 엄청난 힘을 갖고 있지만 그 중요성에 대해 잘 알고 있는 사람들은 그리 많지 않다. 메모라고 하면 '잊어버리기 않도록 적어두는 것' 정도로 간단히 생각하는 경우가 대부분이고, 시대에 맞지 않는 '뒤떨어진 것'이라고 생각하는 사람도 있다. 설혹 메모가 중요하다는 것을 알고 있더라도 실제로 실생활에서 활용하는 사람은 일부 - 전 국민의 약 5% 수준 - 에 불과하다. 메모를 잘만 사용하면 엄청나게 유용한 삶의 도구가 될 수 있는데 이처럼 제대로 활용하지 못한 채 지내는 것은 참 안타까운 일이다.

이 책은 메모가 왜 중요한지 잘 모르거나, 메모의 효율성을 제대로 활용하지 못하고 있는 사람들을 위한 가이드북이다. 나와는 전혀 무관한 사람들이 아니라 임영웅과 같이 나와 같은 공간에 발을 딛고 있는 사람들을 통해 메모가 가진 엄청난 힘, 가까운 곳에서 일어나고 있는 작은 기적들에 대해 알려준다.

책은 3개 파트와 부록으로 구성되어 있다. 파트1은 '사례 모음집'이다. 우리 주변 사람들이 메모를 활용하는 사례들을 수록하고 있기 때문에 메모가 정말 필요하다는 것을 실감하게 되고, 활용분야가 무궁무진하다는 것을 알 수 있게 될 것이다. 메모를 하고 있는 분이라면 메모활용 방법에 대한 새로운 아이디어를 얻을 수 있을 것이고, 아직 메모를 시작하지 않은 분이라면 '나도 해봐야겠다'는 생각이 들 수도 있다. 그렇다면 이 파트의 목적은 달성된 셈이다.

이어지는 두 개 파트는 메모의 기본적인 원칙과 기술을 설명(파트2)하고 필자의 개인적인 메모 방법을 소개(파트3)하는 내용으로 구성되어 있다. 독자들은 이들 파트를 통해 이 세상에 존재하는 다양한 메모법들을 접할 수 있을 것이다.

파트1부터 순서대로 읽어도 되겠지만, 당장 활용할 수 있는 구체적인 메모법에 관심이 있는 독자라면 파트2로 바로 건너뛰어도 좋다. '가장 간단하면서도 효과적인' 메모법을 찾는 독자라면 필자의 개인적인 메모의 역사와 노하우를 다루는 파트3에서 원하는 답을 찾을 수 있을 지도 모르겠다.

'메모는 자기가 편한 방식으로 하면 된다'고 한다. 맞는 말이다. 방식이야 어찌 됐든 적어두었다가 필요할 때 활용할 수만 있으면 된다. 하지만 메모를 하는 다양한 방법에 대해 알고 이중에서 내게 맞는 방법을 찾거나 적용한다면 훨씬 더 효율적으로 메모를 할 수 있게 될 것이다. '단지 메모만 했을 뿐인데' 삶이 변화되고, 매 순간순간 활력이 넘치고, 어쩌면 성공으로까지도 이어지는 '기적'을 만날 수도 있을 것이다. 이 책이 그러한 길로 가는 조그만 디딤돌이 될 수 있기를 기대한다.

2022년 3월

유영택

목 차

PART 2. 메모의 스킬

PART 3. 9와 2분의 1 메모

PART 1

메모의 활용

냉장고와 같은 가전제품에 메모 기능이 포함되고, 다양한 메모앱과 메모용 문구상품들도 꾸준히 개발되고 있다. 이것은 무엇을 말하는 걸까? 메모가 점점 더 깊숙이 우리의 생활 속으로 들어오고 있고, 사람들이 메모의 중요성을 인식하고 있다는 얘기가 아닐까?

실제로 메모를 일상생활과 업무에 활용하는 사람들이 점차 늘고 있다. 성공을 위해서는 메모가 꼭 필요하다고 강조하기도 한다. 파트1에서는 이러한 메모 활용사례를 기억, 자료, 아이디어, 생각 · 마음 정리, 소통 · 전달 등 다섯 가지 카테고리로 나눠 살펴본다.

01
기억을 위한 메모

글을 쓴다는 것은, 글자를 적는다는 것은,
혹은 자판을 두드린다는 것은
그 자체로 기억을 하는 일이다.
기억에 기억을 또 한 층 얹는 일이기도 하다.
- 신경숙, 작가

봉준호 감독이 『기생충』으로 2020년에 골든글로브 외국어작품상을 수상했을 때 통역을 맡은 최성재씨가 화제가 되었다. 최성재씨는 전문 통역인이 아닌데도 메모 하나 적지 않고도 봉준호 감독이 말하는 것을 뉘앙스까지 완벽히 통역했다.

러시아 신문기자였던 솔로몬 셰르솁스키(1886-1958)는 회의에서 오간 대화 내용을 토씨 하나까지 기억하고 한번 기억한 것은 절대로 잊는 일이 없었다. 그래서 '미스터 메모리', '인류 최고의 기억술사'로 불렸다.

이렇게 상상할 수 없을 정도로 뛰어난 기억력을 갖고 있는 사람들이 있다. 자료 하나 없이 단지 기억만으로 글을 쓰는 사람도 있고, 한번만 악보를 보면 악보 전체를 사진 찍듯 기억하는 지휘자도 있고, 자료 없이도 특정 사건과 인물에 대해 세세하게 이야기할 수 있는 사람도 있다. 폴란드 작가인 유제프 차프스키는 2차대전 당시 포로생활 중에 보통 사람들은 이해하기도 어려운 《잃어버린 시간을 찾아서》를 기억만으로 되살려 동료 수감자들을 대상으로 강연했다.[1)]

하지만 이런 특별한 기억력의 소유자가 아닌 이상 대부분의 사람들은 기억력이 그리 대단치 않다. 방금 전에 점심식사를 했는데 메뉴가 생각나지 않고, 감동 깊게 읽은 책인데도 전에 읽었던 것을 모르고 다시 읽다가 중간쯤 가서야 알아차린다. 조금 길게 휴가를 다녀오고 나면 사무실의 도어락 번호도 가물가물하다.

사람들이 어떤 정보를 듣고 다시 기억해 낼 수 있는 것은 3개 정도 밖에 안 된다는 연구결과*도 있으니까 '나만 기억력이 좋지 않은 것이 아닐까?' 하고 실망할 필요는 없다. 그렇지만 꼭 기억해야 할 것을 잊어버려서 진짜 실망을 하지 않으려면 대비책을 세워두어야 한다. 가장 좋은 대비책은 바로 메모다. 방법은 간단하다. 본 것, 들은 것, 생각난 것을 적어두기만 하면 된다.

---

* 《스마트 싱킹》 저자인 미국 인지과학자 아트 마크먼 교수

메모는 오래 지나면 잊어버릴까봐, 혹은 기억력이 안 좋아서 하는 것이지만 메모를 하다보면 자연스럽게 기억이 되고 기억력을 높여주는 효과도 있다. 오랜 세월이 지나 적어놓은 메모를 넘기다 보면 기억의 밑바닥에서 잠자고 있던 추억들이 새록새록 되살아나기도 한다. 그야말로 일석이조인 셈이다.

러시아 소설가 보돌라스킨의 《비행사》에서 주인공인 플라토노프는 '단어들은 실과 같아서, 잡아당기다 보면 기억 속에 감추어진 모든 것이 딸려 나올 수 있을 것'이라고 말한다. 메모가 갖는 '기억'의 효과를 정말 멋지게 표현한 말이라고 생각된다.

| 업 무 |

구인구직 매칭플랫폼 '사람인'의 2020년 조사 결과 '잊어버리지 않도록 메모해라'가 직장인들이 신입사원에게 가장 조언해 주고 싶은 것 1위를 차지했다. 직장생활을 하다보면 잊는 일이 많고, 그래서 실수도 잦기 때문에 이와 같은 결과가 나왔을 것이다.

직장생활을 하다보면 해야 할 일, 업무지시를 받은 일, 직원들에게 지시한 일, 고객 · 거래처의 문의 사항, 회의 내용 등 기억해야 할 일들이 많다. 이런 것들을 일일이 다 머릿속에 기억하려고 하다가는 머리가 아픈 것은 물론이고 잊어버리기 십상이다. 그 순간에는 다 기억할 것 같아도 시간이 지나면 기억이 가물가물해진다. 기억은 나더라도 세세한 부분까지는 기억나지 않을 수도 있다.

그렇기 때문에 업무를 하는 데는 메모가 필수다. 단순히 실수를 하지 않으려고 메모하는 차원에 그치지 않고 '공세적'으로 메모를 활용하면 효율적인 업무를 수행하는 데 많은 도움이 된다.

신입사원에게 가장 해주고 싶은 조언

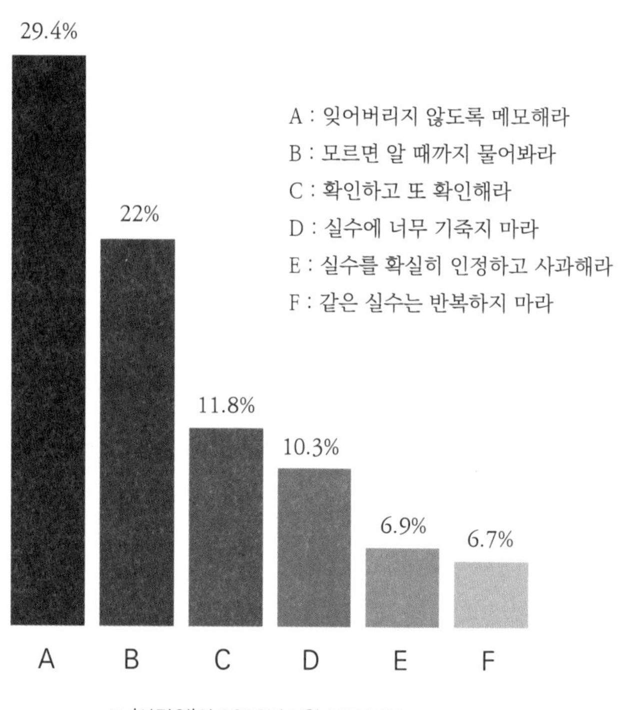
29.4%
22%
11.8%
10.3%
6.9%
6.7%
A : 잊어버리지 않도록 메모해라
B : 모르면 알 때까지 물어봐라
C : 확인하고 또 확인해라
D : 실수에 너무 기죽지 마라
E : 실수를 확실히 인정하고 사과해라
F : 같은 실수는 반복하지 마라
A
B
C
D
E
F

※ '사람인'의 2020년 5월 조사 결과

오규석 부산 기장군수는 수시로 현장을 돌면서 주민들의 정책제안과 민원사항들을 수첩에 기록한다. 이렇게 기록한 수첩이 78권이나 되는데 군정업무 수행에 결정적인 도움이 되고 있다. 오 군수가 4선 군수가 된 데는 메모하는 습관이 큰 작용을 했을 것이다.

현대자동차 수원서부지점 영업부장인 곽경록씨는 누적판매 5,000대 기록으로 지난해 13번째 '판매거장'에 선정되었다. 비결을 묻는 질문에 "섬세함과 꼼꼼함을 무기로 할 일을 놓치지 않고 메모하며 실천으로 옮겨온 것"이라고 말했다.

오규석 군수와 곽경록씨처럼 주목을 받지는 않더라도 많은 사람들이 묵묵히 자신의 업무에 메모를 활용한다. 전화상담 업무를 하면서 고객과의 통화 내용 중 중요한 것을 메모해 두었다가 다시 통화를 하게 될 때 활용하기도 하고, 생명지킴이로 활동하며 위급상황이 발생할 경우에 대비해 주민들의 개인특성을 메모해 두기도 한다. 학생들의 장단점을 적어두었다가 학생들에게 이야기해주는 교사도 있다.

기억에는 단기기억과 장기기억이 있다. 단기기억은 일시적으로 저장되었다가 사라지는 기억, 장기기억은 기억고정을 통해 오래 남아있는 기억이다. 당장 해야 할 일은 머릿속에 단기기억으로 갖고 있다가 일 처리가 끝나고 나면 잊어버리게 된다. 보통 사람이 한번에 기억할 수 있는 것은 7±2개라고 하는데, 잊어버리지 않으려고 신경을 쓰다보면 피곤하다. 미완의 과제는 완료될 때까지 단기기억을 차지하기 때문이다. (이것을 '자이가르닉 효과'라고 부른다.)[2)]

해야 할 일이 있을 때 기억하려고 하지 않고 메모해 놓으면 단기기억에서 지워도 된다. 그만큼 편안한 마음으로 다른 일을 할 수 있고 집중도 잘 된다. 업무에서 메모를 활용하는 또 한 가지 이점이라고 할 수 있을 것이다.

| 공부 |

공부라고 하면 으레 학생을 떠올린다. 하지만 공부는 학생들만 하는 것이 아니다. 직장에서도 업무에 익숙해지려면 공부를 해야 하고 승진시험을 보기 위해 공부가 필요할 때도 있다. 지식의 생산 속도가 빨라지면서 시대에 뒤처지지 않기 위해, 혹은 더 나은 삶을 위해 나이가 들어서도 공부를 하는 사람들도 많다. '공부는 평생 하는 것'이라는 인식이 점차 확산되고 있다.

최근 몇 년간은 코로나19로 인해 상당히 위축되기는 했지만 각종 강연회와 도서관의 독서모임 같은 데 가보면 하나라도 더 배우려는 사람들로 가득하다. 더 잘 들으려고 강연이 시작되기 전에 미리 도착해 앞자리에 앉고, 나이 지긋한 분이 한 마디도 놓치지 않겠다는 자세로 경청을 하는 모습은 감동적이기까지 하다.

공부는 '배우고 익히는 것'이다. 수업 · 강연이나 서적 등을 통해 필요한 지식을 획득하고 이를 이해와 암기 등의 방법으로 기억하고 내 것으로 만드는 행위라고 할 수 있다. 이러한 과정에서 메모는 중요한 역할을 한다. 귀로 듣고 눈으로 보는 것으로 끝나게 되면 기억에 오래 남지 않는다. 적는 과정을 추가함으로써 보다 온전한 기억으로 만들 수 있다.

다산 정약용 연구로 잘 알려진 정민 교수는 '공부는 메모로 시작해서 메모로 끝난다'고 말한다. 《생각의 쓰임》이라는 책을 쓴 '생각노트'(필명)도 '기록만큼 공부에 좋은 것이 없다'면서 '투자에 관심이 있다면 투자일지, 어학에 관심이 있다면 스터디 노트, 영화에 관심이 있다면 영화 리뷰를 기록하라'고 자신의 방법을 알려준다.

메모를 공부에 활용한 우리 주변의 대표적인 인물로 조월조씨를 들 수 있다. 지난해 61세의 늦은 나이에 대학 사회복지학과를 졸업했는데 낮에는 택시운전을 하고 밤에 수업을 들었다. 일과 학업을 병행해야 했기 때문에 메모지에 수업내용을 빼곡히 적어 이동 중에 외웠다. 메모가 유용한 학습도구가 되어준 것이다.

방송인 김영철씨의 공부 사례도 빠뜨릴 수 없다. 김영철씨는 원어민 수준의 영어를 구사하는 것으로 유명한데, 국제적인 개그맨이 되겠다는 꿈을 갖고 2003년부터 영어공부를 시작했다. 미드(미국드라마) 시청은 그가 주로 사용하는 공부 방법이다. 방법은 단순하다. 드라마에 자주 나오는 문장을 메모해 두었다가 외운 다음 꼭 써먹는다.

현재 대성그룹 고문으로 있는 오 수잔나씨는 평화봉사단원으로 우리나라에 파견되었을 때 한국말을 메모장에 적어서 화장실에 갈 때마다 갖고 가서 외웠던 추억을 갖고 있다. 그 덕분에 실력이 쑥쑥 늘었지만 재래식 화장실이라서 다리는 무척 저렸다고 한다.[3)]

기업체와 세무관련 직종의 입사시험에는 상식과 세법 같은 외울 것이 많은 과목들이 포함된다. 합격수기를 읽어보면 이런 과목을 공부할 때 메모를 많이 활용한다고 한다. 뉴스와 신문을 보다가 모르는 것이 나오면 메모장에 정리하고, 법령과 세율 등 잘 외워지지 않는 부분은 포스트잇에 적어놓고 자투리 시간에 외우는 식이다.

자기소개서에 강점을 효과적으로 표현하기 위해서는 틈틈이 메모장 등을 활용해서 정리해 두는 것이 좋다고 한다. 공부 방법은 아니지만 대학입학과 취업을 앞둔 사람이라면 참고해도 좋을 듯 싶다.

매년 11월 중순이면 수능시험이 실시된다. 이 날을 위해 수년간 준비해온 수험생들에게는 결전의 시간이 기다리고 있는 것이다. 언론에 보도되는 수험장 풍경을 보면 학교 교문을 들어서는 순간까지도 메모장을 들고있는 학생들의 모습도 눈에 띈다. 메모를 할 정도로 열심히 노력했으니까 좋은 성적을 얻을 거라는 생각이 드는 건 나만은 아닐 것 같다.

| 꿈의 실현 |

12월 31일이 되면 제야의 밤 행사가 곳곳에서 열린다. 새해를 알리는 타종소리와 함께 행사 참석자들은 메모지에 정성스럽게 소망을 적고 풍선에 매달아서 하늘 높이 띄워 보낸다. 도서관에 책트리를 설치해 지역민들이 메모지에 소망을 적어서 붙이는 행사가 열리기도 하고, 드림캡슐에 소망을 적은 메모를 넣고 봉인하는 행사도 개최된다.

이렇게 여러 사람이 참가하는 행사만 있는 것이 아니다. 개인적으로도 목표, 꿈, 바꾸고 싶은 습관, 지켜야 할 생활태도, 마음 속 다짐, 좌우명 같은 것을 적어서 책상 위나 벽에 붙이기도 하고 가슴 속에 항상 품고 다니기도 한다.

이러한 '의식'은 추억거리를 만들고 마음의 위안도 가져다준다는 점에서 의미를 찾을 수 있을 것이다. 그런데 신기하게도 이렇게 적어놓은 소망이 실제로 이루어지기도 한다. 영화 『마스크』로 국내에도 잘 알려진 배우 짐 캐리는 대표적인 사례다. 짐 캐리는 무명 시절인 어느 날 수표책에 '출연료 1,000만불'이라고 적고 지갑에 넣고 다녔는데, 5년 후에 이보다 훨씬 많은 1,700만불을 출연료로 받는다. 우리가 잘 알고 있는 사람들 중에도 프롤로그에서 언급한 가수 임영웅씨처럼 꿈을 적었는데 실현된 사람들을 어렵지 않게 찾을 수 있다.

골프선수인 고진영은 초등학교 3학년 때 '골프선수가 돼서 우리나라를 빛내고 싶다'는 꿈을 종이에 메모해 지금까지 보관하고 있다. 고진영 선수는 지난해 10월 부산에서 열린 미국 여자프로골프(LPGA) 챔피언십에서 우승함으로써 한국 선수의 LPGA투어 통산 200승 주인공이 되었다. 통산 11번째 우승이고 세계 랭킹도 1위다. 어렸을 때 적은 꿈이 실현된 셈이다.*

체조선수인 여서정도 초등학교 2학년 때 메모지에 꿈을 적었다. '체조를 열심히 해 올림픽에서 메달을 따서 아빠 - 1996년 아틀란

* 최혜진 선수도 초등학생 때 '국가대표, LPGA 진출 세계랭킹 1위, 올림픽 금메달' 목표를 종이에 적고 꿈을 키웠다.

타 올림픽 도마종목에서 은메달을 딴 여홍철 선수 - 목에 걸어주겠다'는 내용이다. 지난해 도쿄올림픽 여자도마에서 동메달을 땄으니까 여서정 선수가 메모지에 적은 꿈도 이루어진 것이다.

어떻게 이런 일이 가능한 것일까? 미국의 헨리에트 앤 클라우저 박사는 《종이 위의 기적, 쓰면 이루어진다》에서 '목표를 기록하면 그 신호를 다른 곳에서 받아들이고, 두뇌가 목표를 달성하는 방향으로 움직이며, 스스로도 에너지를 발산하게 된다'고 말한다. 이지성 작가는 베스트셀러 《꿈꾸는 다락방》에서 생생하게(vivid) 꿈꾸면(dream) 이루어진다(realization)는 것을 'R=VD'라는 공식으로 표현했다.

이러한 주장에 전적으로 동의하지는 않더라도 이렇게 생각해 볼 수는 있을 것 같다. 꿈을 적음으로써 확실한 동기부여가 되고, 단지 한번 꿈을 적는 것으로 끝나지 않고 이를 수없이 들여다보면서 나 자신과 대화를 나누고 각오를 다지게 될 테니까 그러한 방향으로 노력을 하게 될 거라고. 그래서 꿈을 적으면 그만큼 더 실현에 가까이 다가갈 수 있는 거라고.

1. 외국소설 읽기

외국소설 속 등장인물들은 이름이 대체로 길고 똑같은 사람이라도 상황에 따라 다르게 부르기도 해서 외우기 힘들다. 이럴 때는 메모를 해가면서 읽으면 훨씬 이해가 쉽다.

2. 장보기

마트에 갈 때 꼭 필요한 물품을 메모지나 휴대폰 메모장에 적어가면 사야 할 품목을 빼먹거나 불필요한 물건을 사는 일이 줄어든다. 장을 보기 앞서 냉장고에 남은 식재료를 확인해두는 것도 도움이 된다.

3. 전화 & 질문

전화를 걸 때, 회의를 할 때, 병원에서 회진하는 의사에게 물어볼 사항이 있을 때 용건과 질문할 사항을 미리 적어두면 빠뜨리지 않고 얘기할 수 있다.

4. 알림장

초등학교에서는 수업에 필요한 준비물이나 숙제 등을 적을 때 알림장을 이용한다.

5. 수상한 사람·차량

낯선 사람이나 차량을 목격할 경우 휴대폰으로 사진촬영을 해 두거나 차량번호를 메모해 두면 사고예방에 도움이 된다. 한 마트 주인이 번개탄과 소주를 사갖고 간 손님 차량번호를 적었다가 경찰에 신고해 극단적 선택을 막은 사례도 있다.

6. 일상의 기록

소소한 일상이라도 잘 적어두면 소중한 추억으로 영원히 간직할 수 있다. 지나간 삶을 되돌아볼 수 있는 중요한 기초자료가 되어주기도 한다. 대표적인 것은 일기다. 나날들이 허공 중에 떠돌아 흩어지지 않게 만드는 닻과 같은 역할을 한다.[4]

7. 건망증

건망증을 극복하는 방법 중 하나로 꼭 기억할 것들은 메모해 두고 집안 여기저기에 필요한 사항을 포스트잇 같은데 적어서 붙여두는 습관이 권장된다.

8. 가사 외우기

메모지에 노래 가사 같은 것을 적어서 들고다니면서 산책을 하거나 교통수단을 타고 이동하는 틈틈이 들여다보면 어느 틈엔가 다 외워진다.

9. 운세를 볼 때 메모

사주팔자를 보는 점집에도 메모지를 비치해 놓는 곳이 있다. 한번 듣고 흘려보내지 말고 잘 기억해 두었다가 생활에 활용하라는 배려가 느껴진다.

10. 수업 진도 표시

학교에서는 각 반마다 수업진도가 다르다. 수업을 마칠 때 수업자료에 끝난 부분을 살짝 메모해두면 다음 수업시간에 헛갈릴 염려가 없다.

11. 사랑 고백 메모

가수 이적은 결혼 전 아내를 만난 지 얼마 안 됐을 때 취한 상태에서 전화로 고백을 했고, 잊어버리지 않으려고 메모를 해두었다. 이렇게 해서 결혼까지 이어질 수 있었다. (이적씨가 TV 프로그램에 출연해 직접 설명)

02

메모는 자료다

글을 써내려가는 과정에서
메모가 종종 덧붙여진다.
그 덧붙인 자국이 읽는 사람에게 보이지 않는 건
반복해 다시 읽고 자신의 눈에서 벗어나려는
노력 덕분일 것이다.
- 정은숙, 출판인

'인간은 생각하는 갈대다.'

'클레오파트라의 코가 조금만 낮았더라면 세계 역사는 달라졌을 것이다.'

프랑스 수학자·물리학자이자 철학자인 블레즈 파스칼(1623-1662)의 《팡세》에 나오는 유명한 말들이다. 《팡세》는 파스칼이 39세의 젊은 나이로 사망한 후에 그가 쓴 메모 900여개를 묶어서 발간한 수상록이다. 파스칼의 메모가 없었더라면 우리는 파스칼의 멋진 말들을 접할 수 없었을 것이다. 그가 남긴 메모가 우리가 감명 깊게 읽는 책의 '자료'가 된 것이다.

이와 같이 메모의 '기억' 측면 못지않게 중요한 것이 '자료'이다. 메모는 기억을 하기 위해서도 필요하지만 적어둔 것을 활용할 때

더욱 의미가 있는데, 특히 자료로 활용할 때 그렇다. 그중 핵심적인 것은 글쓰기를 위한 자료로 활용하는 것이지만, 사람들이 메모를 자료로 활용하는 방법은 이밖에도 다양하다.

| 글쓰기 & 책쓰기 |

이창동 감독의 영화 『시』는 2010년에 개봉되어 작품상, 감독상, 여우주연상 등 많은 상을 수상한 작품이다. 배우 윤정희씨가 손자와 함께 살아가는 60대 중반의 미자 역할을 맡았는데, 동네 문화원에서 시 강좌를 수강하면서 땅에 떨어진 살구와 같이 무심히 지나쳤던 일상을 다시 보며 수시로 메모를 한다. 그리고 마침내 「그곳은 어떤가요 / 얼마나 적막하나요 / 저녁이면 여전히 노을이 지고 / 숲으로 가는 새들의 노랫소리 들리나요」로 시작하는 시 '아네스의 노래'를 완성한다.

영화 속 미자의 경우처럼 메모는 글쓰기의 재료가 되고 힘이 들 때 글을 계속 쓸 수 있게 하는 '씨앗'이 된다. 그래서 글을 쓰는 사람들은 각종 자료와 책에서 발췌한 사실, 보고 느낀 것, 스쳐 지나가는 생각, 다른 사람들이 들려준 이야기 등 글쓰기에 도움이 될 만한 것은 무엇이든 메모해 둔다.

정약용 선생이 500여권에 달하는 책을 쓸 때 메모를 적극 활용했다는 것은 널리 알려진 사실이다. 책을 읽으면서 중요한 부분이나 생각나는 것을 종이에 적어 상자에 넣어두었다가 상자가 어느 정도 차면 꺼내서 분류하여 책으로 엮었다. 여기서 종이에 적어둔 것이 바로 메모다. 이렇게 메모는 하나하나가 자료가 되고, 이것을 엮으면 책이 되는 것이다.

《글쓰기의 상식에 헤딩하기》를 쓴 유귀훈 작가는 책을 쓸 때 메모가 핵심적인 역할을 한다는 점에 대해 다음과 같이 단언적으로 얘기한다. "글쓰기는 건축과 같다. 수많은 재료를 그러모아 전체를 만들어가는 작업이다... 저자들은 예외 없다. 읽고 메모하고, 읽고 메모하고, 그렇게 모은 메모를 연결하여 책을 엮어낸다."

대부분의 작가들 – 소설가, 시인, 시나리오작가, 화가 등 – 이 이런 방식으로 메모를 하고, 이것을 엮어서 책을 쓰고 그림을 그린다. 평소에 참고될만한 것을 발견하거나 좋은 생각이 떠오르면 바로바로 메모를 해 두었다가 나중에 이것을 한데 묶고 생각을 덧붙여 작품을 만든다.

소설가 정연희씨는 80대 중반의 나이에도 꾸준히 작품활동을 하고 있는데, 금년초에는 단편소설 다섯 편을 묶은 소설집 《땅끝의 달》을 출간했다. 정연희씨는 소설을 쓰기 위해 노트 수십 권 분량의 메모를 한다고 한다.

《너의 거기는 작고 나의 여기는 커서 우리들은 헤어지는 중입니다》라는 긴 제목의 시집을 낸 김민정 시인은 3년 동안 틈틈이 메모한 것을 갖고 3일간 매달려서 44개의 시를 썼다.

과거와 달리 요즘은 전문작가가 아닌 사람들이 책을 출간하는 일이 많아지고 있다. 인터넷 발전 및 책쓰기에 대한 인식 변화가 맞물린 시대적인 추세다. 대부분 오랫동안 축적해온 메모가 그 바탕이 되고 있는데, 본인의 직장생활 경험이나 일상에서 느낀 것들을 적어두었다가 이를 책으로 낸다.

장인수 전 OB맥주 부회장은 35년간 근무하면서 기록한 500쪽 분량의 메모를 엮어 《진심을 팝니다》라는 책을 썼다. 국회의원 출신 전석홍씨는 어느 땐가는 시의 세계로 돌아간다는 생각으로 시상이 떠오르면 메모를 해놓았다가 《내 마음의 부싯돌》이라는 제목의 시집을 냈다.

가수 장윤정씨와 배우 신현준씨도 《모두의 눈 속에 내가 있어요》와 《울림》이라는 그림동화책 · 에세이집을 냈다. 장윤정씨는 아이들과의 에피소드를 휴대폰에 메모해 두었다가 책으로 냈고, 메모하는 습관을 오랫동안 지속해온 신현준씨는 다양한 사람들을 만났을 때 들은 이야기와 가족과 함께 지낸 일 등을 기록한 것을 모아서 책으로 정리했다.

물론 자료만 있다고 저절로 글이 써지고 책이 만들어지는 것은 아니다. 수많은 자료가 한 방향으로 향하도록 정밀하게 배치하고 의미를 부여하는 등 작가의 노력이 더욱 중요하다. 하지만 자료가 뒷받침되지 않는다면 글쓰기, 책쓰기는 불가능한 일이다.

<u>메모를 모아 책을 쓴 사례</u>

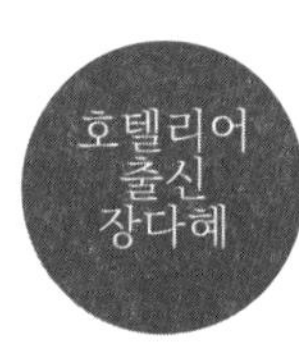

영국과 프랑스에서 호텔리어로 일한 경력을 갖고 있다. 20대 초반에 작사가로 활동하기도 했으며, 30대 때는 에세이도 썼다. 5년간 메모해둔 것들을 엮어 지난해초 첫 소설 《탄금 – 금을 삼키다》를 출간했다.

23년째 소방서에 근무 중이다. 현장에서 경험한 사건 사고들을 메모해 두었다가 보완해서 《그대는 남을 위해 죽을 수도 있는가》라는 제목으로 책을 냈다. '기록을 남기는 것은 중요하다'고 강조한다.

요리사
나카가와
히데코

한국인 남편과 결혼해 한국인으로 귀화한 일본인이다. 서울 연희동에서 요리교실을 운영하고 있다. 60년 넘게 요리사로 일하다 은퇴한 아버지가 노트에 적어놓은 레시피들을 묶어 《아버지의 레시피》를 냈다.

영하의 추운 날씨와 높은 산 속 등 혹독한 자연환경에도 굴하지 않고 암각화를 찾아다니며 탁본을 하고 메모를 해서 《하늘이 감춘 그림, 알타이 암각화》를 펴냈다.

| 역사적 기록 |

폼페이는 로마에서 가장 번성한 도시였지만 AD 79년 베수비오 화산 폭발로 인해 화산재에 묻혀버렸다. 1748년부터 발굴을 시작해 지금까지도 발굴작업이 진행되고 있다. 발굴된 유물 중에는 한 주택에서 발견된 기록도 포함되어 있는데, 여기에는 식품 및 생필품 지출내역과 가격이 적혀 있어서 이를 토대로 당시 주민들이 어떤 음식을 주로 먹었는지 추정할 수 있다.[5]

1998년에 안동의 한 무덤에서 아내가 젊은 나이에 먼저 세상을 떠난 남편에게 보낸 편지가 발견되었다. 편지에는 남편을 그리워하는 마음이 그대로 담겨있어 후세의 많은 사람들이 편지를 읽고 슬퍼했다.

이처럼 일상생활의 개인적인 메모가 단순히 개인적 차원에 그치지 않고 역사적 사료로서 의미를 갖는 경우가 많다. 역사적 기록으로 남아 우리에게 과거의 생활상을 들여다 볼 수 있게 해주고, 과거와 현재를 이어주는 통로가 되어 주는 것이다.

이러한 개인적 메모 가운데 가장 대표적인 것은 일기인데, 수십년간 써온 일기가 시대상을 확인할 수 있는 귀중한 자료로 인정받아 국가기록물이 되기도 한다.

청도군에 사는 농부 김영찬씨는 농사를 짓는 데 참고하기 위해 50여년간 메모 형식의 영농일지를 썼다. 비료를 뿌리는 시기와 농약 가격, 추곡 수매가 같은 것을 자세히 기록해 농업 역사에 중요한 자료로 인정받았다.[6] 지난해 5.18 40주년을 맞아 당시 초등학생과 주부 등이 쓴 일기 14편이 공개되었다. 일기장에는 총탄 구멍이 난 유리창 등이 생생하게 묘사되어 있어 우리 국민들에게 당시의 아픔을 다시 한번 느끼게 했다.

메모, 특히 일기는 이처럼 역사적 자료가 되기도 하지만 더 중요한 것은 자신의 삶을 기록하는 의미있는 행위라는 점일 것 같다. 굵직굵직한 경험은 당연히 머리와 가슴 속에 간직하겠지만 살다보면 웬만한 일은 기억의 바닥에 가라앉아서 불러줄 때까지는 그 자리에 언제까지나 머물러 있게 되는데, 일기는 그 역할을 할 수 있다.

최근 '다꾸'(다이어리 꾸미기)나 '세줄일기'와 같은 일기앱이 젊은 층의 인기를 끌고 있다. 그 이유가 뭘까? 그 자체가 재미있는 일이기도 하지만, 나의 삶을 기록으로 남겨두고 싶다는 욕구가 밑바탕에 자리잡고 있기 때문일 것이다. 다꾸든 세줄일기든 어떤 형식으로든 일기를 쓰는 사람들이 늘어나면 좋겠다. 일기의 장점은 '삶의 기록' 말고도 많이 있으니까 말이다.

| 근거자료 |

경북 영주 소수서원은 2019년 유네스코 세계유산에 등재되었는데, 입원록 - 유생들의 이름을 기록한 명부 - 이 주요 증빙자료 중 하나였다. 소수서원은 총 5권으로 된 입원록 가운데 안동 도산서원이 소장하고 있던 1권을 지난해 135년 만에 돌려받았다. 이 과정에서 소수서원의 1886년도 기록이 핵심적인 역할을 했다. 기록에 도산서원 유생 한 명이 입원록을 빌려갔다는 내용이 적혀 있었던 것이다.

미국의 전직 수사관과 역사학자들로 구성된 조사팀이 지난 1월

《안네의 일기》의 주인공 안네 프랑크 가족을 밀고한 사람이 유대인일 가능성이 있다고 밝혔다. 조사팀은 안네의 아버지 오토 프랑크가 익명의 제보자에게서 받은 메모 사본에 이러한 내용이 담겨 있는 것을 근거로 이같은 결론을 내렸다.

이와 같이 메모는 사실 관계를 확인하는 결정적인 증거가 되어준다. 공적 기록뿐 아니라 개인적인 메모의 경우도 마찬가지다.

A조선소에서 수천만불짜리 선박을 출하하는 과정에서 문제가 발생했다. 선박 최종검사를 하던 선주측에서 갑판 규격이 다르다며 크레임을 걸겠다고 나왔다. 조선소측으로서는 참 난감한 상황이었다. 이 때 직원 한 명이 수첩을 갖고 온다. 수첩에는 몇 해 전 선주측 요청에 의해 갑판 규격이 일부 변경된 내용이 메모되어 있었다. 조선소는 이 메모로 인해 위기를 모면했다.[7)]

《기록하는 인간》에는 저자인 정대용 인생기록연구소 소장의 일화가 소개되어 있다. 어느 날 후배가 찾아와서 1년 전에 친구한테 적지 않은 돈을 빌려주었는데 기억을 못하더라는 말을 전한다. 그러면서 그날 저자를 만났던 것이 생각나서 혹시나 하는 마음으로 찾아왔다고 한다. 정 소장이 메모를 찾아보니 그날 후배를 만난 것이 기록되어 있었다. 후배는 이 메모 덕분에 그 당시 상황을 정확히 떠올릴 수 있었고, 친구한테 돈을 되돌려 받을 수 있었다.

조선소는 직원이 메모를 해놓지 않았다면 큰 손해를 보았을 것이고 정대용 소장은 후배를 도울 수 있는 방법이 없었을 것이다. 두 사람 모두 평소 메모하는 습관을 갖고 있어서 메모를 해놓은 것이지만 결과적으로 회사를 살리고 어려움에 처한 후배를 도와줄 수 있었다.

'증거'를 확보해 두려는 목적으로 메모를 하는 경우도 있다. 교도관인 김연진씨는 수용자들을 대상으로 근무하는 것이 쉽지 않았다. 수용자들이 잘못을 하고도 발뺌을 하면서 증거를 내놓으라고 하고는 했다. 수용자들에게 끌려가지 않고 근무를 하려면 분명한 증거를 갖고 있어야겠다는 생각이 들어 수용자가 특수한 행동을 보이면 육하원칙에 따라 적어 두었다. 이렇게 적어둔 기록은 빛을 발했다.[8)]

습관적으로 메모를 하든, 의도적으로 메모를 하든 메모는 꼭 필요한 순간에 근거자료가 되어준다. 이쯤 되면 메모는 이래저래 참 유용하고 고마운 존재가 아닐 수 없다.

1. 가족을 찾는 단서

메모는 헤어진 친척을 찾는 고리가 되기도 한다. 부산의 한 호텔은 2020년 재일동포 투숙객이 수십 년 전 종이에 적어놓은 전화번호 하나만으로 수소문 끝에 가족을 찾아주었다.

2. 경영난 극복

일본의 구시카츠(꼬치 튀김) 전문점인 구시카츠 다나카사의 부사장 다나카 히로에씨는 아버지가 남긴 구시카츠 조리법 메모로 경영난에 처한 레스토랑을 유명 음식점으로 성장시켰다.[9)]

3. 부동산 구입

부동산 전문가들은 상가와 토지 등을 구입할 때 방문하는 곳마다 평당가와 입지 등을 꼼꼼히 메모한 후 정리해서 비교하면 최대한 유리한 조건으로 구입할 수 있다고 조언한다.

4. 주식 투자

성공한 주식 투자 뿐 아니라 실패 경험까지도 모두 기록하는 습관을 가지면 그만큼 성공할 수 있는 가능성이 높아진다.

5. 스포츠맨 기량 향상

정조국(축구) · 김승기(프로농구) 등 수많은 선수와 감독들이 장점을 끌어내고 보완해야 할 부분을 파악하는 데 메모를 적극 활용하고 있다.

6. 군 역량 강화

메모는 전투역량 향상을 위한 효과적인 도구로도 활용된다. 해군특수전전단에서는 훈련 전후에 훈련계획과 목표, 더 나은 방법 등을 토의 · 메모하는 과정을 통해 성과를 거두고 있다.

7. 농축산에 메모 활용

농작물의 성장 과정 및 한우의 신체 특성 등을 잘 메모해 맞춤형 관리를 함으로써 질 높은 농축산물을 생산하고 있는 사람들도 있다.

03
메모는 최강의 아이디어 도구

세상의 모든 지적 시도는
하나의 메모에서 시작된다.
- 숀케 아렌스, 독일 사회학자

세계적 문학작품인 《빨간 머리 앤》은 주근깨투성이 소녀가 고아원 측의 실수로 남자아이를 원한 노부부에게 입양되는 것으로 시작한다. 저자인 루시 모드 몽고메리는 일기장에 이러한 스토리를 간단히 적어두었는데 오랜 세월이 지난 후에 일기장에서 이 메모를 발견하고 소설 집필을 시작한다.

이렇듯 메모는 아이디어가 된다. 글쓰기는 물론이고 업무와 일상생활에서도 아이디어가 필요한 경우가 많다. 아이디어가 떠오를 때마다 메모해 두면 나중에 필요할 때 유용하게 활용할 수 있다. 아이디어를 적다보면 생각지 않았던 아이디어가 추가로 떠오르기도 하는데, 이것은 적는 행위가 가져다주는 '덤'이라고 해도 좋을 듯하다. 일본 메이지대 사이토 다카시 교수가 '떠오른 아이디어를 곧바로 문자로 표현해 놓으면 그걸 보면서 생각을 한층 더 발전시킬 수 있다'고 말한 것도 이러한 맥락일 것이다.

《빨간 머리 앤》의 탄생은 생각난 아이디어를 적어두었다가 나중에 활용한 사례지만, 메모는 아이디어가 고갈되었을 때 새로운 아이디어를 내는 데도 큰 도움이 된다. 메모한 것을 읽다 보면 자연스럽게 아이디어가 떠오르기도 하고, 메모를 이리저리 조합하다 보면 반짝 하고 아이디어가 나오기도 하기 때문이다. 무심코 적어둔 평범하고 간단한 메모 하나가 엄청난 아이디어로 발전하는 경우도 많다.

| 창작활동의 기반 |

앞 챕터에서는 메모가 글쓰기를 위한 재료가 될 수 있다는 점에 대해 이야기했는데 글쓰기와 음악, 영화, 그림 등 창작활동은 재료만 있어서는 안 된다. 작품 전체를 일관하는 주제가 있어야 한다. 그래야 여기다가 뼈대를 세우고 살을 붙여서 완성도 높은 작품을 만들 수 있다. 메모는 이를 위한 아이디어를 제공해 준다.

한강 작가는 지난해 가을 제주 4.3 사건을 주제로 한 장편소설 《작별하지 않는다》를 발표했다. 소설은 주인공인 경하가 수천 그

루의 검은 통나무들이 묘비처럼 심어져 있는 무덤가를 거니는 꿈으로 시작한다. 2014년 5.18을 다룬 《소년이 온다》를 발표한 후에 꾼 꿈을 메모해 두었던 것인데, 작가는 "언젠가 이 꿈이 소설의 시작이 될 것이라고 생각했다"고 말한다.

작가의 마음 속 깊이 각인되었던 꿈이기 때문에 언제든 소설 아이디어로 끄집어낼 수 있었을 것 같지만 작가는 메모를 해 두었다. 강하게 각인된 것이기는 해도 세월이 지나면 희미해져 버릴 것을 우려했던 것일까?

소설가, 시인, 화가, 작곡가, 가수, 연극인, 영화감독 등 수많은 문화·예술인들이 이처럼 아이디어를 메모해 두었다가 창작활동에 적극 활용한다.

소설가 이청준은 《매잡이》에서 '한 편의 소설도 쓰지 않은 소설가' 민태준의 비망 노트에 대해 이야기한다. 노트에는 취재여행에서 수집해 놓은 진기하고 귀중한 소재들이 가득 담겨 있다. 이청준씨가 작품 아이디어를 모으는 데 대해 어떤 생각을 갖고 있었는지 엿볼 수 있게 한다.

등단 후 30년만에 첫 시집을 낸 김용만 시인은 "시가 저절로 흘러나와서 빗자루로 쓸어담기만 하면 된다"면서 "시상이 떠오르면 바로 메모한다"고 말한다. '감성시인' 손현도씨도 "시도 때도 없이 떠오르는 시상을 메모지에 써놓고 나중에 살을 붙이면 시가 된다"고 비슷한 말을 한다.

만화가 허영만씨는 만난 사람들의 이야기, 풍경, 떠오른 생각 등을 '닥치는 대로' 메모해서 상자에 모아둔다. 쓰고 싶은 작품은 많지만 막상 풀어가다 보면 막힐 때가 있는데 이럴 때 상자를 뒤지면 이야깃거리를 찾게 된다고 한다.

허건 영화감독은 이미지나 생각이 떠오르면 메모를 해 두었다가 모아둔 아이디어와 소재들을 종합해서 시나리오를 작성한다. 농부이자 판화가인 이철수씨는 평범한 일상 속에서 길어올린 생각의 조각들을 갖고 그림을 만든다. 작곡 · 작사를 할 때 메모를 활용하는 음악가들도 많다.

음악가들의 메모 활동

코로나로 인한 공허와 우울함, 불안 같은 감정들을 메모장에 적었다가 불안과 우울을 파란색과 회색으로 표현한 자작곡 'Blue & Grey'을 만들었다.

JUN.K
(2PM)

일상에서 문득 생각나는 것들을 메모한다. 이것이 가사가 되고, 노래의 주제가 된다.

드라마를 찍는 틈틈이 떠오르는 가사와 멜로디를 메모했다가 신곡을 작사·작곡했다.

소설과 영화에서 얻은 영감과 평소에 메모해둔 아이디어를 합쳐서 곡을 만든다.

작품활동을 하는 사람들에게는 한 가지 공통점이 있다. 평소 떠오르는 아이디어를 꾸준히 메모해 두었다가 이것을 작품으로 발전시킨다는 것이다. 아이디어는 붙잡아두지 않으면 사라지기 때문에 바로바로 메모해 두어야 한다는 것을 실천하고 있는 셈이다. (메모를 바로바로 해야 한다는 점에 대해서는 파트2_챕터1에서 자세히 살펴볼 것이다.)

| 업무 아이디어 |

스타일러는 스팀으로 옷의 구김살을 펴고 먼지 제거 및 소독 효과도 있는 편리한 제품이다. LG가 2011년 세계 최초로 개발해서 특허를 냈는데, 2020년에 역대 최고 판매량을 기록하는 등 꾸준한 인기를 얻고 있다.

이 제품을 고안한 사람은 조성진 전 LG전자 부회장이다. 해외 출장을 갔을 때 가방에 넣은 옷이 구겨져서 곤란했는데, 이때 아내가 화장실에 뜨거운 물을 틀어 수증기를 꽉 채운 다음 옷을 걸어놓으면 주름이 펴진다고 말해 준 것에서 착안해 상품으로 개발했다. '메모광'이라는 말을 들을 정도로 메모를 열심히 하는 스타일인 조 부회장은 아내의 얘기를 듣는 그 순간 바로 메모를 해두고 귀국하자마자 상품 개발에 착수했다.

조 부회장의 사례에서 보듯 메모는 사업, 제품 아이디어를 개발하는 데 든든한 후원자가 되어준다. 메모하는 순간 위대한 창조가 시작되는 것이다. 이렇게 메모를 업무에 활용해서 성과를 거둔 사례들을 우리 주변에서 어렵지 않게 찾아볼 수 있다.

서양호 서울 중구청장은 매일 아침 걸어서 출근하면서 주민들의 이야기를 듣고 메모한다. 출근 직후 메모는 목록으로 만들어져 각

소관부서에 전달된다. 메모가 바로 정책 아이디어로 이어지는 것이다.[10)]

경남농협 이현철 차장은 거동이 불편한 농촌 어르신들에게 2인용 식탁을 제공하는 사업을 추진했는데, 이 사업 아이디어는 자주 다니는 식당에서 얻었다. 좌식이었던 식당이 입식으로 바뀌니까 발이 저리지 않고 무척 편리해서 휴대폰 메모장에 메모를 해두고 주변 사람들과 협의를 통해 사업을 실현시켰다.[11)]

파주시 교하동사무소 정태원 주무관은 매년 50여건의 제도개선 및 정책을 제안하고 있다. 2020년에는 10건의 제도 및 정책제안이 채택되었다. 정 주무관이 이렇게 끊임없이 정책아이디어를 낼 수 있는 배경에는 메모가 있다. 그의 '아이디어 제안은행'에는 주민 불편사항을 메모한 것이 3,000여개나 쌓여있다.[12)]

장군컴퍼니에서 '꽉'이라는 아이디어 상품을 개발했다. 먹던 음료라도 탄산이 빠지는 것을 막아 새 음료 같은 맛을 유지하는 제품이다. 2020년 1월 출시 이후 8만개 이상 팔렸다. 장현진 대표는 군 복무시절부터 우연히 떠오르는 아이디어들을 '발명노트'에 적었는데, '꽉'도 이러한 습관에서 비롯되었다.[13)]

메모는 개인의 업무능력 및 창의력 향상을 위한 핵심적인 기제다. 기업 차원에서는 생산성 · 경쟁력 강화로 바로 연결된다. 그래서 직원들에게 직접 메모습관에 대해 교육하는 CEO들도 있다. 메모가 가진 중요성에 비해 그 방법은 단순하다. '아이디어는 메모한 장부터'라는 생각으로 항상 메모를 하기만 하면 되는 것이다.

1. 수술 방식 개선

수술을 하다가 불편한 점이나 개선사항에 대한 아이디어가 떠오르면 따로 메모해 두었다가 반영한다.

2. 아날로그적인 삶

《나를 바꾼 기록생활》의 저자인 신미경씨는 생존을 위해 아날로그적 순간을 늘리고 있다. 진짜 수세미(식물) 사용하기, 햇볕에 빨래 말리기, 몸에 전자기기 착용하지 않기, 걸어다니기, 티백이 아닌 찻잎 애용하기와 같은 아이디어가 떠오르는대로 적어두었다가 실천한다.

3. 실수 되풀이하지 않기

골프와 같은 운동을 하다보면 '이럴 때 실수를 하는구나' 하고 와닿는 순간이 있다. 실수를 할 때마다 메모해 두면 똑같은 실수를 반복하지 않을 수 있다.

4. 통찰력 키우기

꾸준한 독서, 신문읽기 등과 함께 스치는 아이디어를 메모하는 습관을 기르면 통찰력을 키우는 데 도움이 된다.

5. 관찰력 배가

메모를 하면 관찰능력도 배가된다. 사물이나 현상에 대한 관찰능력이 커야 숨어있는 아이디어를 뽑아낼 수 있기 때문이다.

6. 일상적인 것을 놀라운 것으로 변화

가치 없어 보이거나 사소한 것이라도 메모를 하게 되면 놀라운 아이디어로 전환시킬 수 있다.

7. 인사평가 자료 축적

회사에서는 정기적으로 직원들에 대한 업무평가를 한다. 이때를 대비해서 평소에 직원들과 관련된 내용을 메모해두면 힘들이지 않고도 정확한 평가가 가능하다.

04
생각 · 마음 정리를 위한 메모

메모를 하는 우리 마음은
집으로 돌아가려고 조약돌을 뿌리는
헨젤과 그레텔의 마음과 다르지 않다.
달빛에 비친 조약돌은 우리를
가야 할 곳으로 인도할 것이다.
- 정혜윤, 작가

지난해 도쿄올림픽 유도 여자 70kg급에 출전한 김성연 선수는 16강전 매트에 오르기 전 왼손에 '괜찮아, 천천히'라고 적었다. 경기가 잘 풀리지 않을 때 마음을 안정시키려는 목적으로 적은 것이다. 비록 상대선수에게 져서 8강 진출이 좌절되고 말았지만 메모를 적으며 각오를 다지는 김성연 선수의 모습이 눈에 그려지는 듯하다.

김성연 선수의 경우처럼 메모를 하고 적어놓은 메모를 읽는 행위는 흔들리는 마음을 가라앉혀준다. 마음뿐 아니다. 복잡한 생각으로 머릿속이 혼란스러울 때도 메모를 하면 정리가 된다. 사람의 뇌는 좌뇌가 이성, 우뇌가 감정을 담당한다고 하는데, 메모는 이 두 가지를 한꺼번에 '컨트롤'하는 셈이다.

| 머릿속 정리 |

사람은 하루에 4만 가지의 생각을 한다고 한다. 이중 90%는 전날 했던 것과 똑같은 생각이다. 많은 업무를 처리하거나 복잡한 문제를 풀어야 하는 수학자와 같은 사람이라면 생각을 많이 하게 될 테니까 생각의 개수는 이보다 훨씬 많아질 것이다. 단순하게 매일 새롭게 생각하는 것만 계산하더라도 1년이면 146만 가지다.

이렇게 많은 생각을 그대로 지닌 채로 지내게 된다면 머릿속은 얼마나 복잡할까. 우리의 생각은 논리적이지 않고 비약이 심하기까지 하다는데.* 다행히 사람은 잠을 자는 동안에 생각이 정리돼서 꼭 필요한 것만 기억 속에 남는다고 하니까 고마운 일이다.

일본의 사이토 다카시는 '손으로 생각을 적다보면 머릿속을 어지럽혔던 고민이나 문제들을 파악할 수 있을 뿐 아니라 정리할 포인트가 무엇인지 조금씩 드러나기 시작한다'고 말한다.[14] 《노트의 기술》을 쓴 이상혁씨도 '생각이 먼저가 아니라 메모가 먼저'라며

---

* 정희모 연세대 교수는 "우리 생각은 논리적이지도 않고 단절되어 있으며 횡단적이고 비약이 심하다... 그래서 우리는 생각이 복잡할 때 메모를 하고 일기를 쓴다. 생각을 정리하기 위해 글을 쓰는 것이다."라고 말한다. (생각의 논리, 글의 논리, 세계일보, 2020.2.28)

쓰면서 생각하고 정리해야 한다고 한다. 메모를 하다보면 잠과 마찬가지로 생각이 정리된다는 것이다.

왜 메모를 하면 생각이 정리되는 것일까? 손이 '제2의 뇌'라는 말도 있는데 그래서 그런 것인지도 모르겠다. 어쨌든 메모가 머릿속에서 복잡하게 얽혀있던 것들을 정리해주는 역할을 하기 때문에 많은 사람들이 메모를 생각정리 도구로 적극 활용하고 있다.

임영택 소이초등학교 교장도 그러한 사람들 중 하나다. 메모하는 습관이 생각을 정리하고 삶을 보다 짜임새 있고 체계적으로 만들어 준다는 믿음으로 하루의 시작과 끝에 항상 다이어리에 메모를 한다. 20년 넘게 이러한 습관을 유지하고 있다.[15)]

한국기독교대안학교연맹 이사장인 김승욱 목사는 '메모하지 않는 사람은 생각하지 않고 정보를 소비만 하는 사람'이라는 생각으로 미션스쿨에 들어오는 학생들에게 가장 먼저 일기쓰기를 통해 자기 생각을 정리하도록 가르친다.[16)]

성과코칭 컨설턴트인 류광도씨는 생각을 구체화하려면 눈으로만 읽거나 머리로만 생각하지 말고 손으로 글을 써가면서 정리하는 것이 필요하다고 말한다. 그렇게 해야 뒤죽박죽 섞여있던 주관적인 생각들이 객관적으로 정리되어 명료해진다는 것이다.[17)]

| 긍정 마인드 업 |

일상생활과 업무를 하다보면 다람쥐 쳇바퀴 도는 삶이 되풀이된다는 생각에 의욕이 떨어지기도 하고 하는 일이 잘 풀리지 않아 우울해지기도 한다. 근심 · 걱정과 함께 자신감이 떨어지기도 한다. 메모를 하면 이러한 부정적이고 소극적인 마음을 정리하고 긍정적이고 적극적으로 바꾸는 데 도움이 된다.

세계 기억력 선수권대회에서 우승한 일본의 이케다 요시히로씨는 자신의 저서 《기적의 메모술》에서 메모를 불안, 긴장을 없애는 데 활용하는 방법을 소개한다. 불안 요소가 심각하고 엄청나게 크다고 착각하기 쉽지만, 머릿속에 있는 불안요소를 종이에 적다보면 손으로 꼽을 정도로 몇 개 안 되는 것을 알게 된다는 것이다.

우리 주변에도 메모를 통해 긍정적이고 즐거운 일상을 보내는 사람들이 많다. 오소희 작가는 메모를 '나만의 행복 레시피'라고 표현한다. 평범한 일상에서 초조함을 느끼는 날이면 쓰는 행위를 통해 자신이 한 일을 되돌아본다. 설거지를 하고, 커피를 내리고, 장을 보는 등 사소한 일까지 적다보면 많은 일을 했다는 것을 알게 되고 하루에 대한 자기평가가 바뀌게 된다.[18)]

《스물일곱은 원래 이런 건가요?》를 쓴 오소영씨는 마음이 아프고 힘들 때마다 감정일기를 쓰고, 기분이 안 좋으면 왜 기분이 안 좋은지 원인과 이유를 메모장에 적었다. 적고 나서 다음날 다시 보면 '별거 아니었다'는 것을 알게 되고 웃을 수 있었다.

김신지씨도 《기록하기로 했습니다》에서 '습관이 된 기록이 불안감 해소라는 긍정적인 변화를 가져다주었다'고 이야기한다. '이렇게 사는 게 맞을까' 하는 불안감이 엄습해 왔지만 매일 자신한테 소중한 것들을 기록하다보니 인생이 마음에 들기 시작했다고 한다. 그러면서 '모든 삶은 기록할 가치가 있다'고 말한다.

이와 같이 메모를 마음의 안정을 위해 활용할 수 있는 대표적인 방법은 일기쓰기지만, 꼭 일기 형식이 아니라 간단히 메모를 하는 것만으로도 마음을 안정시키는 효과를 거둘 수 있다. 이것은 적는 행위가 나 자신과 마주보는 행위이기 때문이다. 차분히 자신과 마주하는 시간을 가짐으로써 객관적으로 자신을 바라보게 되고 자기 관리를 하게 된다.

이러한 과정을 통해 메모는 정혜윤 작가가 《아무튼, 메모》에서 말하듯 '발을 땅에 딛게 하는 힘, 그 땅에서 발을 떼게 하는 힘'이 되어 주고 《기록의 쓸모》를 쓴 이승희씨의 경우처럼 '나의 쓸모'도 찾을 수 있게 해주는 것이다.

1. 조리 있게 발표

여러 사람들 앞에서 발표할 때 전달해야 할 메시지를 미리 생각해서 정리해 놓으면 보다 효과적이고 조리 있게 말할 수 있다.

2. 훈련 중 불안 해소

운동 선수들은 훈련을 하다보면 스트레스와 불안을 느끼는 경우가 많다. 이럴 때 휴대폰 메모장 같은 데 자신의 고민을 솔직하게 적는 것만으로도 불안을 떨치고 자신감을 얻게 된다.

3. 정신 건강

메모를 하면 스트레스를 받지 않기 때문에 정신건강에 좋다. 이렇게 되면 얼굴의 인상도 좋아져서 주변사람들에게 좋은 이미지를 줄 수 있다.

4. 메모로 누리는 '소확행'

카페에서 편안한 마음으로 커피 한 잔 마시면서 소소한 일상을 기록하는 것은 '작지만 확실한 행복'이다.

5. 노년의 행복

노인학 전문가들은 노년의 행복과 즐거움, 보람된 삶을 위해 꼭 필요한 것 중 하나로 메모하고 기록하는 습관을 든다.

6. 생각 훈련

메모를 자꾸 하다보면 생각의 근육이 생긴다. 두뇌활동을 촉진시키고 판단력과 통찰력, 관찰력, 집중력 등을 기를 수 있다.

7. 슬럼프 극복

골프 같은 운동을 하다보면 슬럼프가 올 때가 있다. 이럴 때 과거에 쓴 메모를 넘겨보다 보면 기분 전환이 되면서 마음도 가라앉는다.

8. 새로운 활력 충전

살다보면 힘이 들고 도저히 탈출구가 보이지 않는 때가 있다. 이럴 때는 경춘선 기차라도 타고 조용한 시간을 가지면서 메모지에 생각을 적다보면 새로운 활력이 생긴다.

05
소통의 언어, 메모

선생님은 그날 자신은 모르겠지만
중요한 일을 하나 해내고 있었다.
일기장에 '참 잘 했어요'라는 메모로,
또 선생님 이름의 목도장으로
내 삶에 빨간 동그라미를 그려준 거였다.
- 김순희, 수필가

지난 2015년 남편과 함께 독일의 북해 해안에서 휴가를 보내던 한 영국 여성이 유리병을 발견했다. 유리병 속 메모쪽지에 적힌 대로 병을 깨뜨려보니 안에는 우편카드가 들어있었는데, 언제 어디서 유리병을 발견했는지 적어서 보내달라는 내용이 메모되어 있었다. 이 유리병은 108년 전에 영국 해양생물협회에서 조류의 흐름을 연구하기 위해 바다에 던진 1,000여개의 유리병 가운데 하나였다.

이처럼 메모는 시공간을 뛰어넘어 사람과 사람을 연결시켜 주는 통로가 되어준다. 단순히 대화, 의사 전달의 차원을 넘어서 사람들에게 감동을 주고 사람과 사람을 이어주고, 그래서 세상을 따뜻하게 만드는 엄청난 힘이 된다.

이 책의 챕터 1~4가 개인적인 차원에서 메모를 활용하는 내용을 주로 다루었다면 이번 챕터는 사람들간의 대화와 소통을 위한 메모의 효용성에 관한 것이다. 『다른 사람에게 말을 전하거나 자신의 기억을 돕기 위하여 짤막하게 글로 남김. 또는 그 글』이라는 국어사전의 메모 정의 중 앞부분에 딱 부합하는 것이기도 하다.

| 대 화 |

베토벤은 20대 중반부터 귓병을 앓아서 처음에는 귀가 잘 들리지 않고 이명현상 같은 것이 생겼다가 급기야 청력을 잃는다. 대화를 나눌 수 없는 상황에서 베토벤은 다른 사람들과 글로 대화를 한다. 그래서 베토벤의 유품 가운데는 메모가 많이 남아있다.

《무진기행》과 《1964년 서울》 등의 작품으로 잘 알려진 김승옥 작가도 청력 장애가 있다. 대화를 나눌 때 상대방의 입을 보고 무엇을 말하는지 파악한 후 글을 써서 답을 한다.

이렇듯 메모는 말로 대화를 나누기 힘들 때 유용한 대화수단이 되어준다. 코로나 상황으로 대면 접촉을 자제하는 분위기에서 인천 농업기술센터가 농업인이 농기계를 증상 메모와 함께 놓아두면 이를 수리해주는 서비스를 실시[19]한 것도 그러한 사례에 해당할 것이다.

메모는 대화의 효과를 높이는 '대화 보조수단'이기도 하다. 대부분의 사람들은 대화를 할 때 메모를 하지 않는다. 그냥 상대방이 하는 얘기를 듣고 맞장구를 치거나 내 의견을 말할 뿐이다. 하지만 메모를 하면서 대화를 나누게 되면 상대방이 말하려고 하는 요점을 파악하기 쉽다. 그리고 말하는 사람은 상대방이 자신의 말을 귀 기울여 듣는 태도에 감동을 받고 마음 속 깊은 곳에 있는 얘기까지 꺼내기도 한다. 결과적으로 대화의 깊이와 수준이 높아지게 된다.

강의나 발표를 할 때 미리 말할 내용을 메모해 놓는다든지 인터뷰를 할 때 질문사항을 메모지에 적는 것도 메모를 대화 보조수단으로 활용하는 사례다. 이웃돌봄 자원봉사를 하면서 공감대를 높이기 위해 상대방이 말하는 내용을 빼놓지 않고 메모하는 것도 그러한 사례일 것이다.

메모는 직원들과 CEO간 소통을 위한 수단으로도 활용된다. 직원들이 CEO에게 의견이나 질문사항을 메모지에 적어 제출하면 CEO는 이들 메모를 모아서 사내 방송 등을 통해 답변을 한다. 이러한 방식은 학생들이 장학사와 진로 · 진학 상담을 할 때 사용되기도 한다.

CEO와 투자자 중에는 '고객에게 보내는 메모', '직원들에게 보내는 메모'와 같은 형식으로 경영철학이나 투자동향 등을 직원과 고객들에게 알려주는 이들도 있다. '1 : 다수'의 대화에서 메모가 효과적인 방식으로 사용되고 있는 것이다. 세계 5대 투자은행인 베어스턴스 CEO였던 전설적 투자자 앨런 그린버그(1927-2014)가 자신의 경영철학을 직원들에게 알리는 데 메모를 활용한 것은 잘 알려져 있다.

이와 같이 여러 가지 이유로 메모를 이용한다. 말로 할 수 있는 상황인데도 메모를 이용하기도 하고, 어떤 경우에는 메모가 말로 하는 것 이상의 효과를 발휘하기도 한다. 메모가 대화를 위한 효과적인 수단으로 활용되고 있는 것이다.

지난해 호주에서 한 여성이 교도소에서 제작한 빨래집게를 구입했는데 그 안에는 수감자가 쓴 메모쪽지가 들어있었다. 'Write me' - 편지해 달라는 내용이다. 여성이 사진을 찍어 페이스북에 올리는 바람에 화제가 되었다. 이처럼 독특한 방식으로 메모를 대화와 소통에 활용하기도 한다. 우리 주변에도 그러한 사례들이 많다.

어떤 의사는 환자와 보호자들이 진료내용을 쉽고 정확하게 이해하고 따라할 수 있도록 종이에 진단명이나 처방약을 메모해 준다. 아파트를 순찰한 후 조치할 사항을 메모해서 세대 문앞에 붙여 놓는 아파트 관리소장도 있다. 어떤 여성은 '빨대를 주지 말라'는 메모를 텀블러에 붙여 놓고 다님으로써 환경보호를 직접 실천한다.

여러 지자체에서도 주민들과의 소통을 위해 다양한 방식으로 메모를 활용하고 있다.

장수읍	도움이 필요한 사람이 메모지에 내용을 적어 사연함에 넣으면 담당 직원이 방문해서 복지서비스를 제공한다.
함양군	주민들의 의견을 듣기 위해 민원실에 소리함을 설치하고 그 아래에 메모지를 비치해 둔다.
창원시 진해구	벚꽃, 나뭇잎, 단풍잎, 동백꽃으로 '청렴트리'를 만들고 직원들이 메모지에 청렴문구를 적어 붙이는 방식으로 청렴문화를 홍보한다.
순천시	역, 우체국 등 다중이용 시설에 제안 메모판을 설치해서 시민불편 개선을 위한 아이디어를 공모한다.

| 마음 전달 |

메모는 사랑과 응원의 마음을 전하는 유용한 매개체로 활용되기도 한다. 그 대상은 가족일 수 있고, 가게를 찾는 고객일 수 있고, 특정하지 않은 사람들일 수도 있다. 대상이 누구이든지간에 이들 메모에는 공통점이 한 가지 있다. 바로 이를 통해 우리가 사는 세상을 좀더 따뜻하게, 살만한 세상으로 만드는 것이다.

감사와 응원

코로나19 상황이 2년 이상 지속되면서 모두들 지쳐간다. 특히 최일선에서 일하는 의료진들의 피로감과 두려움, 불안은 엄청나다. 이러한 상황에서 수많은 환자와 시민들이 감사의 마음을 표시하고 응원하는 메모를 적어서 의료진들에게 전달하는 사례들이 전해지고 있다. 의료진들에게 이러한 메모는 다시 기운을 내서 의료활동을 하는 데 큰 힘이 된다.

감사와 응원의 메모는 의료진들에 대해서뿐만 아니라 우리 주변 곳곳에서 이루어지고 있다. 건물 청소를 담당하는 분께 고마움을 표시하는 메모를 적은 종이와 함께 피로회복제를 전달하기도 하고, 어떤 아파트에서는 주민들이 엘리베이터에 택배 기사들에게 힘을 내라는 메모를 붙이기도 한다. 한 기초생활수급자는 '도와줘서 고맙다'는 메모를 적어 지자체 공무원에게 전달했는데, 메모를 받은 공무원은 이것을 컴퓨터 옆에 붙여놓고 기운이 빠질 때마다 들여다본다.

뇌성마비로 인한 언어 · 지체장애를 딛고 미국 대학교수가 된 정유선씨는 고1 때 '누가 어떻게 한다고 하여 거기에 마음이 끌려 다니지 않도록 해라'는 편지를 선생님한테서 받은 데서 자신의 '기적'이 시작되었다고 말한다.[20] 칭찬과 격려의 메모는 이렇듯 누군가의 삶에 용기를 주고 방향을 알려주는 나침반이 되기도 한다.

기 부

지난해 초 미국 텍사스주의 한 음식점에서 손님이 식사를 한 후 9,400달러의 팁을 두고 갔다. 영수증에는 직원들을 위해 써달라는 메모가 적혀있었다. 식당 종업원들에게 '2020달러 팁 주기' 챌린지가 시작되어 많은 사람들이 참여하는 일도 있었다. 모두 코로나 19로 인해 어려움을 겪는 사람들을 돕자는 취지에서 이루어졌다.

우리나라에서도 이와 같은 미담사례가 끊이지 않고 보도되고 있다. 행정복지센터나 파출소, 우체국, 소방서 같은 곳에 현금이나 쌀, 라면, 배, 마스크 같은 물품을 전달하고 조용히 사라지는데, 대개는 어려운 이웃을 위해 써달라는 내용의 간단한 메모를 남긴다. 소상공인, 소년소녀 가장, 소방관, 수재민, 장애인 등 특정 대상을 지칭하기도 한다.

기부를 한 사람들 중에는 10년 기부 약속을 지킨 사람도 있고*, 어려운 처지에서 빈병을 팔아 200만원이 넘는 현금을 파출소에 전달한 사람도 있다. 어떤 어린이는 용돈으로 손세정제를 구입해서 기탁하기도 했다. 이럴 때 적는 메모는 기부하는 사람들의 따뜻한 마음이 그대로 전달된다.

가게와 고객 연결

몇 년 전 삶을 끝내려고 했던 한 사람이 배달된 초밥에 담긴 음식점 주인의 메모를 보고 마음을 돌린 사례가 방송에 보도되었다. 실행에 앞서 마지막으로 초밥을 주문했는데 주인이 정성스럽게 쓴 메모를 보고 마음을 바꾼 것이다.

지난해 여름에는 인천시의 한 피자집에서 실직 후 딸 생일을 맞은 한부모 아빠에게 공짜 피자를 선물해 사람들을 감동시킨 일도 있었다. 주인은 '부담 갖지 마시고 또 따님이 피자 먹고 싶다고 하면 연락 주세요'라는 메모까지 남겼다.

요즘은 음식을 주문하면 '힘든 시기에 음식을 주문해 주어서 고

---

* '대구 키다리 아저씨'는 2012년부터 2021년까지 10회에 걸쳐 10억원이 넘는 금액을 익명으로 기부했다. 2021년에 마지막으로 기부하면서 남긴 메모에는 "저와의 약속, 10년이 되었군요. 나누는 즐거움과 행복을 많이 느끼고 배웠습니다"라고 적었다.

맙다. 더 열심히 하겠다'는 내용의 손편지가 음식과 함께 전달되는 경우를 가끔 보게 된다. 이런 메모가 있으면 자세히 읽어보게 되고, 주인이 이런 메모를 쓸 정도면 음식에도 그만큼 정성을 쏟았을 거라는 생각에 더 안심하고 먹게 된다. 음식점 전화번호를 적어두었다가 다음에 또 주문할 가능성도 커진다.

동네서점에 갔을 때 서점주인이 '좋은 책'이라며 추천 내용을 적어놓은 메모를 발견하는 경우가 있다. 그런 책에는 한 번 더 눈길을 주게 되고 기꺼이 지갑을 열어 사기도 한다. 조그만 메모 한 장이 마음을 움직이는 것이다.

정여울 작가는 스위스의 한 호텔에 갔을 때 로비에 따뜻한 커피가 든 보온병과 크로아상, 그리고 '무료니까 다이어트는 다 잊고 마음껏 즐기라'는 내용이 적힌 쪽지가 놓여있는 것을 보고 주인의 정성을 듬뿍 느낄 수 있었다고 한다.[21)]

이렇듯 메모는 가게주인과 고객을 이어주는 통로가 된다.

가족간의 정 나눔

집에 비상금을 숨기는 '고전적 방법'이 있다. 선물봉투에 넣어 평소 아내가 잘 들여다보지 않는 졸업앨범 같은 데 끼워두고, 만약에 들킬 경우에 대비해 겉에 "사랑해요. 필요할 때 꺼내쓰세요"라는 메모를 남겨두는 것이다. 물론 유머다.

메모는 가정에서 중요한 메신저 역할을 한다. 부부 중 먼저 출근하는 사람이 냉장고나 식탁 위 메모꽂이에 사랑의 말을 적어놓기도 하고, 엄마가 아이들의 도시락 가방에 애정이 듬뿍 담긴 메모를 적어 넣기도 한다. 부부싸움을 하고 먼저 말을 꺼내기 어색할 때 화해 의사를 전달하는 통로로 이용하기도 한다. 아내에게 메시지를 전달하고 싶을 때 세면대 거울에 메모를 붙여놓는 사람도 있다.

필자의 아내가 출근하면서
딸에게 남긴 식탁 위 메모들

이웃간 갈등 해결

메모는 이웃주민들간의 갈등과 오해를 풀어주는 등 '분쟁조정' 역할을 하기도 한다. 간단한 메모 하나만으로 위아래 층의 주민들간에 층간소음 문제가 해결되기도 하고, 자칫 스트레스를 유발할 수 있는 인테리어공사 소음 문제가 사전 예방되기도 한다.

아파트 위층에서 의자를 끄는 소리에 신경이 쓰인 한 주민은 소음 문제를 정면대결이 아니라 좋은 방향으로 해결하기로 하고 의자 발커버를 사서 메모와 함께 전달했다. 그러자 윗층에서도 즉각 '피해를 드려 죄송하다. 주의하겠다'는 내용의 메모와 함께 마스크를 선물했다. 너무나 쉽게 문제가 해결되었다.

인테리어 공사 업체가 메모로 주민들의 협조를 구한 사례도 있다. '불편을 끼쳐드려 죄송하다. 소음을 최소한으로 줄여서 기한 내에 공사를 끝내겠다'는 내용의 메모를 일일이 써서 고무장갑과 함께 주민들에게 전달했더니 주민들이 양해를 해주어서 별 어려움 없이 공사를 끝낼 수 있었다.

한편 한 집배원이 우편물을 배달하다가 미끄러져서 우편물에 진흙이 잔뜩 묻었는데, 죄송하다는 말과 함께 상세한 경위를 적은 손 메모를 남기자 고마움을 느낀 주민들이 오히려 감사패를 전달한 일도 있었다.

| 추억 소환 |

프랑스 여류소설가 카롤린 봉그랑이 쓴《밑줄 긋는 남자》는 여주인공이 도서관에서 빌린 책에서 누군가가 남긴 글을 읽게 되고, 이 글에서 소개된 책을 빌려보다가 밑줄을 발견하면서 겪게 되는 일을 그린 소설이다.

소설에서처럼 우리는 집 책장에 꽂혀있거나 도서관에서 대출받은 책에서 메모되어 있는 글이나 메모지를 발견하는 경우가 간혹 있다. 메모를 한 사람이 아는 사람이라면 그 사람에 대해 몰랐던 것을 알게 되는 계기가 될 수도 있고, 그렇지 않다면 어떤 사람일까 잠깐 생각해보는 시간을 갖기도 한다.

그래서 김진영 연세대 교수가 "사람들은 타인의 책꽂이를 염탐하며 그의 취향과 수준, 그가 살아온 삶 전체를 짐작하고는 한다.

책을 뽑아 펼쳤을 때 여백에 끄적인 메모라도 있으면 여간 재미있지 않다. 그 때는 그 흔적 자체가 텍스트다"라고 말했을 것 같다.[22)]

앞의 소설 속에서는 남자가 여주인공에게 접근하기 위해 의도적으로 메모를 하고 밑줄을 그었지만, 책 속 메모는 다른 사람과의 대화나 소통을 위한 것이 아니라 개인적인 필요 때문에 적는 것이 일반적이다. 이렇게 적은 메모라도 나중에 세월이 지난 후에 다른 사람들에게 감동을 주고 추억을 생각나게 하는 매개체가 되어 주고는 한다.

돌아가신 분의 유품을 정리하다가 메모를 발견하는 경우도 마찬가지다. 유품을 정리하는 사람이라면 고인과 매우 가까운 관계일 테니까 느낌은 훨씬 더 강할 것이다.

수필가인 신성용씨는 아버지가 돌아가신 후 수십 년이 지난 후에 유품인 가죽지갑을 어머니에게서 전해 받은 경험을 수필로 적었다. 지갑에는 할아버지가 6.25 때 아버지를 월남시키면서 '나중에 고향에 돌아올 때 찾아올 곳' 등을 적어준 메모지가 들어있었다. 작가는 빛바랜 낡은 지갑과 메모지를 보며 한참동안 상념에 젖어 든다. 피난길을 떠나는 아버지의 어릴 적 모습을 떠올리며 가슴이 미어진다.[23)]

이렇듯 메모는 소중한 사람을 떠올리고 바쁜 일상 속에서 잠시 마음의 여유를 갖게 해주는 힘이 있다. 그렇게 우리가 잃어버린 감성을 회복시켜 주기도 하고 메마른 삶에 자그마한 활력소가 되어 준다. 메모가 지닌 또다른 엄청난 마법이 아닐 수 없다.

1. 편지로 사랑하는 마음 전달

'에메랄드 빛 하늘이 환히 내다뵈는 우체국 창문 앞에 와서 너에게 편지를 쓴다'고 한 유치환 시인처럼 사랑하는 마음을 편지에 담아 전달하는 것은 디지털 시대인 지금도 유효하다.

2. 잠을 깨는 데 메모 활용

지루한 강연이나 상대방의 일방적인 얘기를 들을 때 종이에 낙서를 하다보면 잠도 깨고 열심히 경청하고 있다는 인상을 줄 수 있다.

3. 유용한 연락 수단

영화 『매디슨 카운티의 다리』에서 메릴 스트립은 사진작가 클린트 이스트우드에게 보내는 메모를 적어 다리에 붙여 놓는다. 이렇듯 메모는 연락수단이 된다. 주차되어 있는 차에 접촉사고를 냈을 때 연락처를 남겨놓는 것도 한 활용사례다.

4. 동료들로부터 신뢰 획득

동료의 일상이나 자녀 이름과 같은 사소한 사항들을 메모해두었다가 나중에 대화를 나눌 때 물어보게 되면 작은 일이지만 큰 감동과 신뢰를 준다.

5. 위기를 기회로 전환

미국 고산지대 사과농장에 우박이 떨어졌을 때 주민들이 '상처 난 사과는 고산지대산임을 보여주는 것'이라는 메모로 위기를 기회로 바꾼 일이 있다. 메모는 위기상황에서도 빛을 발한다.

6. 행운을 전달하는 매개체

한 대여점에서 정장을 빌려입은 후 취업에 성공한 한 여성이 옷을 반납하면서 '행운의 정장'이라는 메모를 남겼다.[24)] 이처럼 메모는 행운을 전달하는 역할도 한다

7. 떠나는 사람에 대한 아쉬움 표현

퇴직이나 전출 등으로 떠나는 직원에게 남은 사람들이 종이에 아쉬움과 애정이 가득 담긴 내용을 적어서 전달하기도 한다.

8. 희망곡 신청

과거 다방에서는 메모지에 듣고 싶은 곡을 적어서 신청했다. 지금도 신청곡을 적어보내면 사연과 함께 음악을 들려주는 라디오 음악 프로그램이 있다.

9. 고민 상담

도서관 중에는 이용객들이 포스트잇에 고민을 적어 벽에 붙이면 사서들이 답을 해주는 곳이 있다.

10. 생활정보 & 좋은 문구 공유

책이나 신문을 읽다가 발견한 좋은 내용이나 시 구절 같은 것을 적어두었다가 주변사람들에게 건네주면 받는 사람과 주는 사람 모두 기쁨을 느끼게 된다.

11. 비상연락처 메모

어린 아이나 치매 노인들의 주머니에 연락처를 적은 메모를 넣어두거나 목걸이를 걸어주면 혹시 길을 잃더라도 쉽게 가족을 찾을 수 있다.

12. 의견 · 아이디어 수렴

회사로고 변경이나 식당메뉴 선정 등에 앞서 직원들에게 희망사항을 포스트잇에 적어 게시판에 붙이도록 하면 소통 확대에 도움이된다. 이용객들을 대상으로 도서훼손 방지 아이디어나 감명깊게 읽은 책구절 등을 메모지에 적는 행사를 실시하는 도서관도 있다.

13. 차 뒷유리에 '알림' 부착

'앞만 보고 다닙니다', '결초보은', '1일차 죄송합니다' 등 초보운전임을 알리거나, 사고가 나면 아이부터 구해달라는 메모를 적어서 차 뒷유리에 붙이는 것도 메모 활용방법 중 하나다.

PART 2

메모의 스킬

BACK SPACE
SHIFT LOCK
SHIFT KEY
Q W E R T Y U I O P
A S D F G H J K L
Z X C V B N M

앞 파트에서 우리는 메모를 해야 하는 이유와 메모를 활용하는 다양한 사례를 살펴보았다. 그렇다면 이제 해야 할 일은 메모를 우리의 일상생활에 적용하고, 습관처럼 우리 삶의 한 부분으로 만드는 방법에 대해 알아보는 것이다.

파트2는 6개 챕터로 나눠 다양한 메모기술과 활용법을 소개한다. 앞의 네 개 챕터는 메모를 하는 방법에 관한 것이고, 나머지 2개 챕터는 메모한 것을 정리하고 이것을 일상생활이나 업무에서 유용한 도구로 활용할 수 있는 방법에 관한 것이다. 메모를 하는 방법에 국한하지 않고 정리와 활용 방법도 함께 소개하는 것은 메모의 궁극적 목적이 활용에 있기 때문이다.

01
언제 어디서나

지나간 것을 찍지는 못한다.
- 카르티에 브레송, 프랑스 사진작가

필자의 친구가 한번은 결혼식장에서 대기업 CEO 옆자리에 앉게 되었는데, CEO가 결혼식 중간에 몇 차례나 메모지를 꺼내 메모를 하는 모습을 보았다. 무엇을 적는지 궁금해서 물어보니 CEO는 생각난 아이디어가 있어서 적는다고 설명해 주었다. 친구는 이렇게 메모를 하는 습관이 CEO 자리까지 올라가게 된 저력이 되었을 것이라는 생각이 들었다고 한다.

심채경씨가 쓴 《천문학자는 별을 보지 않는다》에는 우리나라 최초의 우주인인 이소연씨가 러시아 우주정거장에 갈 때 포켓 사이즈 다이어리를 갖고 갔다는 얘기가 소개되어 있다. 이소연씨는 다른 필요한 물품도 많았을 텐데 왜 초과로 허용된 개인물품으로 다이어리를 택했을까? 우주공간에까지 다이어리를 갖고 갈 정도라면 그만큼 메모를 중요하게 생각했기 때문일 듯하다. 어쩌면 힘들거나 외로움을 느낄 때 '적는 행위'를 통해 위안을 받으려는 생각을 갖고 있었을 지도 모르겠다.*

두 사람의 일화는 어디서든 바로 메모를 하는 것이 필요하다는 것을 보여주는 좋은 사례일 것 같다.

| 바로바로 적는다 |

메모 방법에는 정석이 없다. 각자 편한대로 메모를 해서 나중에 활용할 수만 있으면 된다. 그렇지만 메모를 습관화하고 있는 사람들이 공통적으로 제시하는 '기본원칙'이라고 할 수 있는 것들이 몇 가지 있다. 가장 핵심적인 것은 '생각날 때 바로 하라'는 것이다. 그 순간을 놓치면 나중에 메모하려고 해도 자세한 내용이 기억나지 않고, 메모를 하려고 했던 생각 자체를 잊어버리기도 하기 때문이다.

기억은 금방 사라져버린다. 학습한 내용은 초반에 급속하게 망각이 일어난다는 '에빙하우스의 곡선'을 인용하지 않더라도 우리는

---

* 다이어리에는 발사 당일의 기록을 제외하면 그날의 할 일이나 짤막한 소감이 몇 단어로 적혀 있는 것이 전부였다. 심채경씨는 그에게 주어진 자유시간으로는 그 정도밖에 쓸 수 없었을 거라는 생각에 눈물이 났다고 한다.

기억이 휘발성이 강하다는 것을 잘 알고 있다. 그래서 메모를 하는 사람들은 바로바로 한다. 길을 걷다가, 차를 마시다가, 요리를 하다가, 영화를 보다가, 잠을 자다가. 군대에서 단추를 달다가*... 메모를 하느라 내려야할 지하철역을 지나치기도 하고, 벤치에 앉아 메모를 하느라 약속시간에 늦기도 한다. 하지만 그 덕분에 우리가 멋진 시를 읽을 수 있고, 감미로운 음악을 들을 수 있고, 삶의 의미도 생각해볼 수 있으니 고마운 일이 아닐 수 없다.

메모를 하는 사람들은 언제든 메모 준비가 되어 있다. 필요할 때 메모를 할 수 있도록 화장실에 갈 때도 메모장을 가지고 갈 정도로 항상 필기도구를 주변에 비치해 두는 것도 그러한 준비 중 하나다.

하루를 마무리할 때나 주말에 한꺼번에 몰아서 메모를 하는 사람도 있다. 이럴 때의 메모는 그때 생각나는 것을 적는다기보다는 하루를 정리하고 내일 할 일을 계획하는 성격이 강할 것 같다. 이럴 때조차 간단하게라도 메모해둔 것이 있다면 도움이 될 것이다. 메모한 것을 보면 그날 무엇을 했는지 바로 생각이 날 테니까.

---

* 2020년에 『구멍』이라는 작품으로 중앙일보사 주관 '중앙시조대상'을 수상한 김나경씨는 해군부사관으로 군복무 중에 단추를 달다가 메모해 둔 것을 시로 썼다.

메모하는 사람들의 메모 준비

◑ 항상 메모지와 필기구를 주머니에 넣고 다닌다

◑ 침대 맡에 필기구나 휴대폰을 놓아둔다

◑ 화장실에 갈 때도 메모지·휴대폰을 갖고 간다

◑ 샤워하다 바로 메모할 수 있도록 방수처리된 종이를 비치한다

◑ 차 안에도 메모도구를 비치해 둔다

항상 메모를 하는 것은 습관이 되면 쉽다고 하지만 그래도 번거롭고 신경 쓰이는 일이다. 그래서 깜빡 잊고 볼펜을 집에 두고 외출했을 때 느낀 자유를 노래한 시인도 있다.

'자유' - 김시종[25)]

무장해제를 해야 자유를 얻는다.
서재에 볼펜을 두고, 외출을 했다.

반세기를 호주머니에 볼펜과 메모지가
동반자가 되어 지냈다.

오늘은 깜빡 잊고
볼펜을 빠뜨리고 외출했더니
머릿속에 생각들이 자유를 얻어서
더없이 기쁜 모양이다.

머릿속에 꽉 찬 생각을
메모지에 곧바로 적지 말고
생각들이 제멋대로 놀다 가도록
가끔 볼펜 없이 비무장으로 외출해야겠다.

메모를 하는 것이 힘들다면 시인처럼 가끔 한번쯤은 자신에게 자유시간을 주는 것도 좋을 것이다. 하지만 이러한 일탈은 가끔 한번이면 몰라도 늘 반복되는 일상이라면 놓치는 게 수없이 많을 것이다.

| 바로 메모할 수 없을 때는 이렇게 한다 |

바로바로 메모를 하는 것을 원칙으로 삼고 있다고 해도 그렇게 하기 힘든 상황도 생긴다. 많은 청중 앞에서 강의를 하고 있다든지 상대방이 대화 내용을 메모하는 것을 원하지 않는다든지 하는 것이 그런 경우일 것이다. 이럴 때는 그 상황에서 벗어났을 때 최대한 빨리 메모를 한다. 양이 많은 경우라면 커피점 같은 데 가서 메모하는 시간을 갖는 것도 좋은 방법이다.

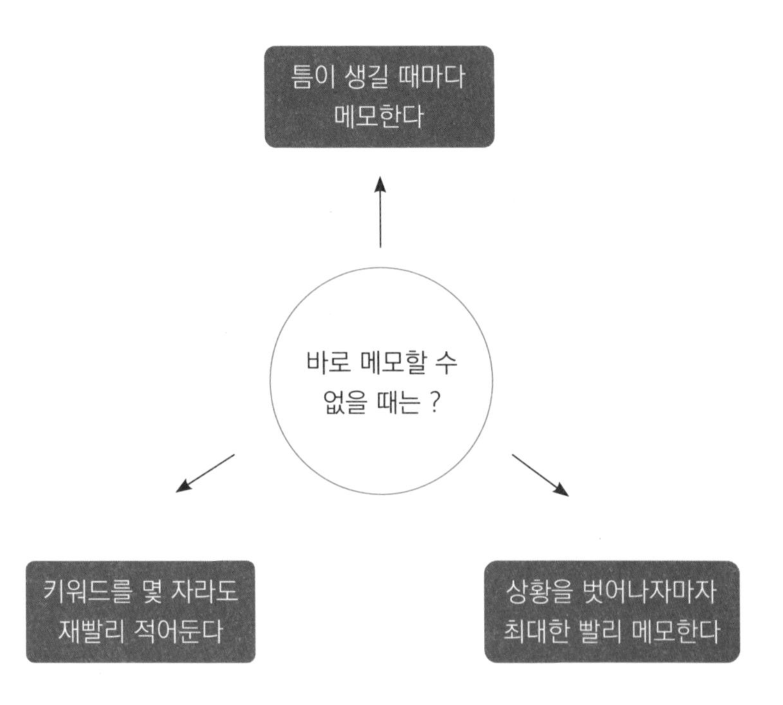

아무래도 들은 내용을 잊어버릴 것 같으면 잠깐 양해를 구해 화장실에 가서 키워드 정도라도 적어둔다. 키워드가 있으면 나중에 대화내용을 거의 대부분 복기할 수 있지만 이러한 단서조차 없다

면 기억을 되살리는 일은 매우 어렵고 곤혹스런 작업이 될 것이다.

일본의 경영컨설턴트인 나카지마 다카시는 비밀 이야기를 할 때 메모하는 방법에 대해 다음과 같이 설명한다. “가장 중요한 핵심 하나만 기억하면 된다. 다른 정보는 다 잊어버려도 좋으니 기억해야 할 것만 뇌에 메모한다. 그리고 방에서 나오자마자 재빨리 노트나 수첩에 메모하면 된다.” 가장 기본적인 원칙을 알려주고 있다고 생각된다.[26)]

02
무엇이든

천재는 없다.
다만 부지런한 기록자가 있을 뿐이다.
- 정민, 교수

수원의 한 정미소 앞에는 쌀알이 담긴 종지가 놓여있고 '참새밥'이라고 적은 메모도 옆에 있다. 참새들은 자기들 밥인지 어떻게 알고 날아와서 먹는다.[27] 정미소 주인이 참새들이 읽으라고 메모를 적은 것은 아닐 테고, 손님들이 혹시 못 보고 지나가다 걷어찰까봐 적어놓았을 것이다. 작은 새에게까지 관심을 쏟는 걸 보면 주인은 손님들한테도 정성을 다할 것 같다.

노르웨이의 화가 뭉크는 어느 날 저녁 친구들과 산책을 하다가 하늘이 핏빛으로 물드는 광경을 목격하고는 너무나 큰 두려움에 사로잡혀 그대로 멈춰선다. 뭉크는 이때의 느낌을 메모로 남겼는데, 후세의 사람들은 이 메모를 통해 『절규』가 이 경험을 소재로 탄생했을 것으로 추측한다.

뭉크가 남긴 메모와 그림 『절규』

나는 친구 두 명과 길을 걷고 있었다. 해가 지고 하늘이 갑자기 핏빛으로 바뀌었다. 나는 우울함에 숨을 내쉬었다. 가슴을 조이는 통증을 느꼈다. 멈춰서서 난간에 몸을 기댔다. 핏빛 화염이 검푸른 만과 도시를 덮고 있었다. 친구들은 걸어가고 있었고, 나는 두려움에 사로잡혀 서 있었다. 그때 나는 자연을 관통해서 들려오는 거대하고 끝없는 비명을 들었다. (1892년 메모)

이렇든 메모는 다른 사람 - 또는 참새? - 에게 전달하고 싶은 이야기와 같은 일상적인 것일 수도 있고, 개인적인 느낌이나 감정 같은 것일 수도 있다. 간단한 낙서 수준일 수도 있고, 철학적 사색과 같은 깊이 있는 내용일 수도 있다. '메모는 이런 것을 대상으로 해야 한다'고 정해진 것은 없다. 어떤 것이든 좋다. 각자가 필요한 것이라면 뭐든 대상이 된다.

| 주변의 모든 것이 메모거리 |

김신지 작가가 쓴 《기록하기로 했습니다》를 보면 '무엇을 메모할 것인가'에 대한 저자의 독특한 취향이 확 느껴진다. 각 챕터에서 한 개씩 대상을 정해 이에 관한 자세한 이야기를 들려준다. 감정, 여행, 테마, 계절, 공간, 좋은말, 농담, 문장, 글감, 아름다운 이야기, 영감, 사랑하는 이들의 목소리 · 미소, 가족의 삶, 소중한 사람의 손글씨 등이 그것이다.

사람들이 메모하는 대상은 무척 다양하다. 김신지 작가의 경우처럼 특정 대상을 정해서 메모하기도 하고, 일상생활에서 일어나는 일을 적기도 한다. 추구해야 할 목표와 꿈을 적기도 한다. 그 대상을 일일이 다 열거하기 힘들 정도다.

사람들은 무엇을 메모할까?

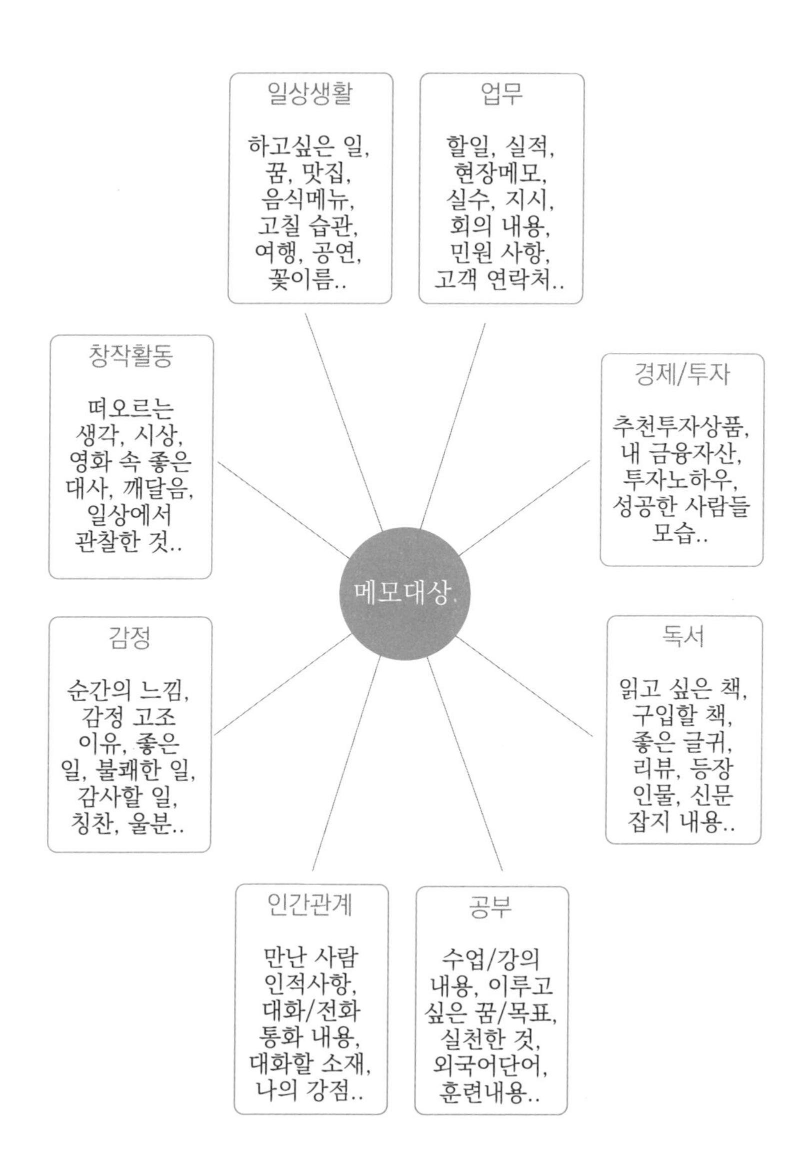

메모대상
일상생활
하고싶은 일, 꿈, 맛집, 음식메뉴, 고칠 습관, 여행, 공연, 꽃이름..
업무
할일, 실적, 현장메모, 실수, 지시, 회의 내용, 민원 사항, 고객 연락처..
경제/투자
추천투자상품, 내 금융자산, 투자노하우, 성공한 사람들 모습..
독서
읽고 싶은 책, 구입할 책, 좋은 글귀, 리뷰, 등장 인물, 신문 잡지 내용..
공부
수업/강의 내용, 이루고 싶은 꿈/목표, 실천한 것, 외국어단어, 훈련내용..
인간관계
만난 사람 인적사항, 대화/전화 통화 내용, 대화할 소재, 나의 강점..
감정
순간의 느낌, 감정 고조 이유, 좋은 일, 불쾌한 일, 감사할 일, 칭찬, 울분..
창작활동
떠오르는 생각, 시상, 영화 속 좋은 대사, 깨달음, 일상에서 관찰한 것..

메모한 것들은 나중에 글이나 책으로 엮여져 나오기도 한다. 정호승 시인은 자신에게 용기를 준 말들을 메모해 두었다가 《내 인생에 힘이 되어준 한 마디》를 냈다. 베스트셀러 《달러구트 꿈 백화점》을 쓴 이미예 작가는 재미요인을 분석해 노트에 기록한 것이 소설 집필로 이어졌다. 채홍정 시인은 이상한 말을 수시로 메모한 것이 계기가 되어 《새 속담 사전》, 《신 고사성어》, 《익은 말 큰사전》 등을 펴냈고, 김정선씨는 모르는 동사를 모아서 《동사의 맛》을 냈다. 정희안 시인은 글을 읽을 때 오독하는 경험을 메모해 두었다가 시로 써서 국제신문의 시 부문에 당선되었다.

사람들이 메모하는 것을 보면 '이런 것까지 적는구나'라는 생각이 들 정도로 특이한 것들도 많다. 책에 수록되는 인물들의 생존여부를 정확히 하려고 유명인사의 사망이 언론에 보도될 때마다 메모해 놓는 출판사 편집국 직원이 있는가 하면, 어떤 논픽션 작가는 현장감을 살리기 위해 인터뷰를 할 때 현장분위기와 인터뷰이의 표정·몸짓을 함께 적어 두기도 한다.

이처럼 메모는 모든 것이 대상이 된다. 메모를 습관화하는 사람들은 이런 게 나중에 필요할까 생각하느라 시간을 보내지 않는다. 일단 적어놓기부터 한다.

| 메모의 기본은 무조건 적는 것 |

앞에서 무엇이든 메모의 대상이 된다고 했는데, 그러면 메모는 얼마나 많이 하는 게 좋을까? '최대한 많이'가 답일 듯하다. 메모를 하는 사람들은 '최대한 많이 수집하고 꼼꼼히 모으는 것이 좋다', '무조건 메모부터 하라'고 한다. 이렇게 가급적 많이 메모를 하라고 하는 데는 그럴만한 이유가 있다.

먼저 메모가 많으면 그 중에서 좋은 것, 참고할만한 것들도 섞여 있다. 외국의 한 대학에서 실험을 했는데 실험참가자를 두 그룹으로 나눠 한 그룹은 정해진 기간에 한 작품만 완성하라는 과제를 내고, 다른 그룹에는 개수에 제한 없이 작품을 만들어서 제출하라고 했다. 결과는 어땠을까? 두 번째 그룹의 성적이 훨씬 좋았다. 메모도 이와 마찬가지다. 메모를 많이 하다보면 그 중에서 좋은 것도 많아지기 마련이다. 많은 것을 적다보면 좋은 것을 '낚게' 될 가능성도 그만큼 높아진다.

둘째로 메모가 많아야 그만큼 내용이 풍부한 결과물을 만들어낼 수 있다. 아웃풋은 인풋에 의해 결정될 수밖에 없다. 조병천 작가가 《365 매일 쓰는 메모습관》에서 말한 '레고 블록' 비유는 이에 딱 맞는 이야기일 듯하다.

레고 블록의 개수가 적으면 작은 것을 만들 수밖에 없고 많으면 많을수록 다양하고 큰 것을 만들 수가 있다. 메모 또한 레고 블록이라고 생각하면 이해하기가 쉬울 것이다. 평소 관심있는 분야이거나 현재 일하고 있는 분야에 관련된 것들을 얼마만큼 메모해 두느냐에 따라 좀더 새로운 것을 만들어낼 수 있느냐 없느냐가 결정된다.

세 번째는 메모는 나중에 그 가치가 발견될 수 있다는 점이다. 메모를 할 당시에는 쓸모가 없는 돌멩이처럼 보여도 나중에 다이아몬드와 같은 진가를 발휘할 수 있다. 시각을 달리해서 바라보면 새로운 의미를 갖는 메모가 되기도 하고, 다른 메모와 연결되면서 쓸모있는 메모로 탈바꿈하기도 한다.

메모를 많이 하려면 '모든 것을 적는다'는 생각으로 메모하면 되겠지만, 앞 챕터에서도 언급한 바 있는 일본의 경영컨설턴트 나카지마 다카시가 말한 것을 염두에 두는 것도 좋을 듯하다. 그는 '일 잘하는 사람'은 명확한 주제를 생각하고 있는 사람이라면서 만일 주제가 있다면 이에 관한 정보는 눈 깜짝할 사이에 모인다고 설명

한다. 뇌가 그것에 대한 정보를 받아들이게 되기 때문이라는 것이다.[28)]

| 팩트 못지않게 중요한 '생각메모' |

메모의 대상은 '모든 것'이지만 크게 두 가지로 나눌 수 있다. 사실을 기록하는 것과 생각을 기록하는 것이 그것이다. 메모를 활용하는 사람들은 두 가지 메모를 다양한 용어를 사용해서 구분한다.

메모의 두 가지 구분

사실을 기록	생각을 기록
팩트 메모	생각 메모
보고 듣는 메모	문득 떠오르는 메모(기지메모)
외부 모으기	내부 모으기
정보를 수집하는 메모	생각을 수집하는 메모

보통 메모라고 하면 전자를 가리키는 경우가 많다. 객관적인 자료로서, 그리고 아이디어를 위한 '소스'로서 팩트의 중요성은 아무리 강조해도 지나치지 않다. 이러한 팩트 못지않게 중요한 것이

내 생각, 아이디어다. “수집한 자료는 그저 참고자료에 불과하다”, “누구나 쉽게 손에 넣을 수 있는 정보는 정보라고 할 수 없다”며 메모의 두 번째 측면에 더 의미를 부여하는 사람들도 많다.

미국의 심리학자인 캐서린 콕스의 연구결과는 생각메모의 중요성을 잘 보여준다. 역사상 천재로 분류되는 300명의 성공요인을 분석한 결과 한 가지 공통점이 발견되었는데, 이들 중 대부분은 머릿속에 떠오르는 것, 즉 생각을 기록하는 습관이 있었다.[29] 이렇게 생각을 메모하는 습관이 이들의 지성을 높이고 잠재의식을 깨우는 역할을 한 것이다.

이처럼 생각을 메모하다보면 두뇌를 보다 많이 사용할 수 있게 되지만 생각 메모가 단지 두뇌 활성화 측면에 그치는 것은 아니다. 독창성·창의성이 요구되는 현대사회에서 생각 메모는 더할 수 없는 최고의 무기가 되어준다. 똑같은 자료라도 나만의 관점으로 재접근하면 다른 사람과 다른 나만의 콘텐츠, 귀중한 정보가 될 수 있다.

그러면 생각을 어떻게 효과적으로 메모할 수 있을까?

산책을 하거나, 일을 하다 잠깐 쉬거나 할 때 자연스럽게 머릿속에 생각이 떠오른다. 이것을 적어두면 바로 소중한 생각메모가 된다. 하지만 가만히 있는다고 생각이 끝없이 떠오르는 것은 아닐 테니까 이런 메모 포착에는 한계가 있을 수밖에 없다.

이럴 때 필요한 것이 바로 단서, 실마리다. 뭔가 생각을 끄집어낼 만한 것이 제공된다면 생각은 실타래에서 실을 풀어내듯이 술술 나올 것이다. 다른 사람의 이야기를 듣거나, 책과 신문같은 자료를 읽거나, 영화를 보거나 하는 것이 바로 그러한 것들이다.

가장 효과적인 방법은 내가 직접 메모해 놓은 것(1차메모)을 다시 보면서 생각을 해보는 것이다. 전에 적어놓은 메모와 대화를 나누면서 떠오르는 생각을 놓치지 않고 적어두면 '세상에 하나밖에 없는' 소중한 생각메모가 될 수 있다. 이것이 2차메모다. 메모는 복리로 효과를 가져다준다고 표현한 사람도 있는데*, 2차 메모는 이를 위한 최고의 생각메모 방법이라고 해도 좋을 듯싶다.

---

* 독일 사회학자 숀케 아렌스는 《제텔카스텐》에서 "메모상자에 메모를 모으는 일은 복리 이자로 보상받는 투자법과 같다"면서 "메모상자 내용물의 총합은 메모의 총합보다 훨씬 더 가치가 크다"고 말하고 있다.

03
아무데든

중요한 것은 '어디에 적을 것이냐'가 아니라
'어디에든 적어야 한다'는 것이다.
- 신동일, 《슈퍼리치의 메모》 저자

옛날 중국의 한 가난한 선비가 밭일을 하다가 떠오른 생각을 감나무잎(양엽)에 적어 항아리에 넣어두었다고 한다. 종이가 귀한 시대였을 테니까 충분히 있을 수 있는 얘기다. 조선 후기 실학자인 이덕무는 이 얘기에서 감명을 받았던지 자신의 메모를 모은 책에 '앙엽기'라는 제목을 붙였다.[30]

지금은 감잎에 메모하는 일은 없겠지만 사람들은 어디든 메모한다. 대리석 벽을 메모판처럼 활용해서 회의내용을 적기도 하고, 화이트보드나 달력을 집과 사무실에 걸어놓고 정보와 떠오르는 생각을 적기도 한다. 급할 때는 냅킨, 명함, 담뱃갑, 종이박스, 영수증, 악보, 대본, 전시장 팸플릿, 가계부 등 주변에 있는 모든 것이 메모도구가 된다. 적당한 메모도구를 찾지 못하면 손바닥이나 손등에 적기도 한다. 정혜윤 작가는 친구의 기타에도 적었다.*

이렇듯 메모는 아무데나 할 수 있다. 어디든 필요한 것을 적을 수 있으면 된다. 하지만 가장 중요한 메모 도구는 메모지나 수첩 같은 종이와 디지털 기기일 것이다.

| 아날로그 메모 |

비틀즈 멤버인 존 레논과 노벨평화상 수상 가수인 밥 딜런은 명곡인 'Imagine'의 시상과 'Like a Rolling Stone'의 가사를 호텔 메모지에 적었다. 생각이 떠올랐을 때 마침 갖고 있는 것이 호텔 메모지였기 때문에 그랬겠지만, 아날로그 메모 도구로서 메모지의 효용성을 잘 보여주는 것이라고 생각된다.

메모지는 낱장이거나 한 장씩 떼어서 쓰게 되어 있다. 다양한 크기와 형태를 지닌 제품이 판매되고 있고, 기업 · 지자체 행사 같은 데 단골상품으로 등장하기도 한다. 그만큼 메모지가 널리 사용되고 있기 때문일 것이다. 카드 형태로 된 메모지를 사용하는 사람들

---

* 정혜윤 작가가 쓴 《아무튼, 메모》에는 아끼는 기타를 잃어버린 친구가 오랜 세월이 흐른 후 기타를 새로 구입했는데, 기타에 짧은 문구를 써달라고 부탁을 해서 '지금 어디선가 고래 한 마리가 숨을 쉬고 있다'고 적어주었다는 내용이 있다.

도 있다. 단어를 암기할 때 사용하기도 하는 카드인데, 이 역시 크기와 형태가 다양하다.

메모지 중에는 포스트잇 같은 점착 메모지도 있다. 3M의 연구원이었던 스펜서 실버 박사 - 지난해 5월 별세 - 가 우연한 기회에 발명했다. 책상 위나 모니터 같은 데 붙여놓고 일정을 확인하거나 다른 사람들에게 전화내용을 전달할 때 사용하기도 하지만, 특히 쉽게 붙였다 뗄 수 있는 편의성으로 인해 여러 자료를 분류하는 용도로 제격이다. AP가 선정한 20세기 10대 발명품에 포함될 정도로 우리 생활과 밀접한 제품이 되었다.

수첩과 노트도 중요한 아날로그 메모도구다. 과거에는 말할 것도 없고 지금도 많은 사람들이 사용하고 있다.

정보통으로 알려져 있는 박지원 국정원장은 늘 수첩(다이어리)을 들고 다니면서 일정이나 중요한 정보, 단상 등을 꼼꼼하게 적는 것으로 유명한데, 1년에 쓰는 수첩이 20권 정도나 된다. 빨강, 파랑, 검정 등 세 가지 색깔을 사용해서 메모를 구분한다. (일반적인 색깔별 용도에 대해서는 다음 챕터를 참고하라.)

소설가 김영하씨도 수첩을 갖고 다니면서 메모를 하는데, 셔츠 앞주머니에 들어가는 작은 크기다. 이랜드는 전사적인 차원에서 바인더 노트를 업무에 활용한다. 이를 위해 직원들에게 교육도 시키고 있다. 최근 '다꾸'(다이어리 꾸미기)가 젊은층 사이에서 인기를 끌고 있는데 취미 차원을 넘어 그만큼 메모에 대한 관심이 커지고 있다는 것을 보여주는 것일 듯 싶다.

아날로그 메모를 얘기할 때 빠뜨릴 수 없는 중요 도구가 있는데 바로 A4용지다. 복사할 때 주로 A4용지를 사용하기 때문에 우리 주변에서 가장 흔하게 접할 수 있는 종이다. 메모할 수 있는 공간이 충분히 넓은데다 이면지를 활용하면 경제적 낭비를 줄일 수 있는 이점이 있다.

A4 용지는 그 자체로도 훌륭한 메모도구지만 한 가지 멋진 활용 방법이 있다. 접어서 사용하는 것이다. 세 번 접으면 주머니에 쏙 들어가는 크기(약 74x105mm)가 되고, 앞뒷면을 합치면 모두 16면이나 되기 때문에 한 장으로도 많은 메모를 할 수 있다.

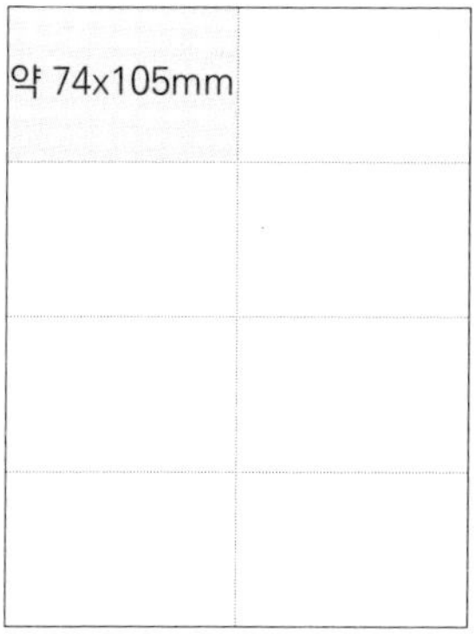

약 74x105mm

일본의 스튜어디스 출신 미즈키 아키코씨가 쓴 《퍼스트클래스 승객은 펜을 빌리지 않는다》에는 '일등석 승객들은 모두 자신만의 펜을 지니고 다닌다'는 내용이 있다. 메모가 성공한 사람들의 주요 습관이라는 것을 잘 보여주는 것인데, 그렇다면 왜 일등석 승객들은 메모지는 갖고 다니지 않는 건지 궁금하다. 간단한 메모지라도 함께 갖고 다니면 더 편리할 텐데.

메모를 생활화하다 보면 선호하는 필기구가 생기기 마련이다. 가수 양희은씨는 글을 쓸 때 검은색 볼펜을 사용한다. 수필가 서순호씨는 "어딜 가든 그 만년필은 나와 함께 했다"며 몽블랑 만년필과의 인연을 이야기한다.[31] 유독 연필에 애착을 갖는 사람도 있다. 필자의 아내는 발표할 일이 있을 때 꼭 손에 펜을 쥔다. 그러면 펜이 의지가 되면서 마음이 편해진다고 한다.

| 디지털 메모 |

'포노 사피엔스'라는 용어가 있다. 스마트폰과 호모 사피엔스를 합친 말로, 스마트폰에 의존하는 현대인을 의미한다. 전세계 인구의 절반 정도 - 피처폰 사용자까지 합치면 60% 이상 - 가 스마트폰을 사용하고 있다. 이들 중 80%가 아침에 일어나서 15분 이내에 스마트폰을 열어본다고 하는데, 시대의 변화에 따른 자연스런

현상일 것이다.

스마트폰 사용이 일상화되다 보니까 메모를 할 때도 스마트폰이 자연스럽게 사용되고 있다. 넷플릭스 인기드라마 『오징어 게임』에도 한 경찰이 죽음의 게임이 벌어지는 섬에 잠입해서 스마트폰에 메모를 하고 사진을 찍는 장면이 두 차례 나온다. 활발한 방송활동을 하고 있는 가수 붐은 순간순간 떠오르는 추임새나 랩가사 등을 휴대폰 메모장에 적어놓았다가 필요할 때마다 꺼내 사용한다. 작가들 중에도 한승원 작가처럼 시상이 떠오를 때마다 휴대폰에 메모하는 사람도 많다.

스마트폰을 이용해서 메모를 하면 편리한 점이 많다. 스마트폰을 항상 휴대하고 있으니까 메모를 하기 위해 별도로 수첩이나 메모지를 갖고 다니지 않아도 된다. 스마트폰으로 인터넷을 보다가 좋은 내용이 있으면 화면을 캡처할 수 있고, 검색 기능을 통해 메모해 둔 것 중에서 필요한 것을 바로 찾을 수 있다. 스마트폰을 구입하면 기본적으로 메모장이 설치되어 있고, 다양한 기능을 가진 메모앱들도 속속 개발되고 있다. 스마트폰의 편리함 때문에 전화를 거는 기능밖에 사용할 줄 몰랐던 중장년층들도 이제는 스마트폰을 메모에 많이 활용한다.

유용한 메모앱 네 가지*

네이버킵 (Naver Keep)		네이버 가입자는 누구나 바로 사용할 수 있는 앱으로, 간단한 메모 및 검색자료를 저장하는 용도 등으로 사용하기 편리
구글킵 (Google Keep)		구글에서 2013년에 개발한 메모 프로그램으로, 구글 계정을 갖고 있으면 무료로 이용 가능
워크플로위 (WorkFlowy)		생각정리 및 글개요 작성 등에 사용하는 강력한 생산성 도구로 기능이 간단해서 금방 익힐 수 있는 점도 장점
다이널리스트 (Dynalist)		워크플로위와 기능이 비슷한 앱으로서 워크플로위를 사용할 때 불편한 점이 일부 개선

※ 네 가지 앱 모두 모바일과 PC에서 사용 가능하며 자동으로 동기화

컴퓨터와 노트북, 태블릿PC 등도 메모에 많이 사용된다. 봉준호 감독은 태블릿PC를 메모에 활용하는 대표적인 사례다. 봉 감독은 애플사의 아이패드를 사용하는데, "콘티에서 시작해 모든 업무를 이것으로 한다"고 말할 정도로 태블릿 애찬론자다.

---

* 이밖에도 사용하기 편리한 메모앱들이 많이 있다. 네이버 메모도 그중 하나다. 암호설정 기능이 있어 아이디와 비번 같은 것을 저장해 놓기 좋다.

이들 디지털 기기는 모바일과 연동이 되다 보니까 두 가지를 함께 사용함으로써 문명의 혜택을 최대한 누린다. 확장 가능한 저장용량으로 인해 메모한 것을 저장하는 공간, 즉 '지식 데이터베이스'로서 더 큰 의미를 갖기도 한다.

스마트폰과 컴퓨터 · 노트북은 텍스트뿐 아니라 이미지 · 동영상 · 음성도 기록할 수 있는데, 아마도 이것은 아날로그 메모가 갖지 못하는 가장 큰 장점일 것이다.

경영컨설턴트로 활동중인 필자의 친구는 고객사와 회의를 할 때 중요 사항들을 칠판에 적어 놓았다가 회의 후에 스마트폰 카메라로 촬영해 둔다. 그러면 나중에 어떤 내용에 대해 의견을 나눴는지 확인할 수 있는 좋은 메모자료가 된다고 한다.

화가인 친구의 아내도 스마트폰을 메모에 적극 활용하고 있는데, 산책을 하다가 갑자기 떠오른 아이디어나 사람들의 움직임 같은 것을 S펜을 이용해서 '갤럭시 노트'에 그려놓았다가 나중에 그림 소재로 쓴다.

친구의 아내가 스마트폰에 그린 그림들

메모를 하기 어려운 상황에서 휴대폰은 훌륭한 메모도구가 되어준다. 바로 녹음기능을 이용하는 것이다. 운전을 하다가 생각나는 아이디어나 혼자 조용히 부르는 노래, 간단한 스피치 등을 녹음해두기도 하고, 집안 어른의 식사기도 말씀을 휴대폰에 녹음해두는 사람도 있다. 나중에 돌아가시면 추모 때 쓰려는 계획이다.

최근에는 스피치노트와 클로바노트처럼 음성을 녹음하면 텍스트로 변환되는 프로그램도 많이 개발되어 있어서 음성메모 활용이 점점 더 편리해지고 있다.

블로그와 페이스북 같은 SNS를 메모 공간으로 활용하는 사람들도 늘고 있다. 《생각의 쓰임》을 쓴 '생각노트'는 대표적인 사례다. 인스타그램, 트위터 등에 다양한 생각을 기록한다. 《기록하기로 했습니다》의 저자인 김신지 작가는 카카오톡 '나와의 채팅' 창에 메모를 남긴다. 『샘이 깊은 물』 등 여러 책을 디자인한 이영미 씨는 온몸의 근육이 점차 멈추는 루게릭병 진단을 받은 후 페이스북에 병과 싸운 기록을 적었다. 이 기록을 모은 것이 《누울래? 일어날래? 괜찮아? 밥먹자》라는 책이다. 강원국 작가도 네이버블로그에 2년 반 동안 쓴 메모를 엮어 글쓰기 책을 냈다.

| 아날로그 메모 vs 디지털 메모 |

아날로그 메모와 디지털 메모는 나름대로 장점을 갖고 있다. 아날로그 방식으로 메모를 하면 뇌가 활성화되어 아이디어가 잘 떠오르고 메모할 때 촉감도 좋다. 그리고 펜과 종이를 사용해서 적으면 아무도 해킹할 수 없다.* 디지털 메모도 보관의 편리함 등 여러 장점이 있다.

---

* 2015년 국내 개봉되어 610만명의 관객수를 기록한 『킹스맨 : 시크릿 에이전트』에서 악당인 리치몬드 발렌타인은 "내가 펜과 종이를 왜 좋아하는지 알아? 아무도 해킹할 수 없기 때문이지"라고 말한다.

아날로그 메모와 디지털 메모의 장점

아날로그 메모	디지털 메모
◑ 두뇌를 활성화시킨다 ◑ 기억이 잘 된다 ◑ 아이디어가 잘 떠오른다 ◑ 정감 있다 ◑ 쭉 훑어보기 편하다 ◑ 눈에 잘 띈다 ◑ 이리저리 분류하기 쉽다	◑ 대용량 저장이 가능하다 ◑ 공간을 적게 차지한다 ◑ 검색이 용이하다 ◑ 휴대가 간편하다 ◑ 다양한 메모가 가능하다 (텍스트, 이미지, 음성 등)

이렇게 나름대로의 장점이 있기 때문에 어느 방식이 좋다고 단정할 수는 없다. 메모를 하는 사람들이 각자 선호하는 방식을 사용해서 필요한 것을 적으면 된다. 하지만 가장 좋은 방식은 메모하는 상황에 맞게 두 가지를 함께 사용하는 것이 아닐까 싶다.

바로 메모를 해야 하는 상황인데 손에 스마트폰을 들고 있다면 당연히 스마트폰을 사용하면 될 것이고, 스마트폰을 즐겨 사용하는 사람이라고 하더라도 영화관 같은 데서는 화면의 밝은 빛 때문에 다른 사람들에게 방해가 될 테니까 이런 경우에는 메모지를 미리 준비했다가 사용하면 된다.

회의나 대화 중에 스마트폰에 메모를 하게 되면 집중을 하지 않고 있다는 오해를 살 수 있으니까 이런 경우에도 메모지를 이용하면 좋을 것이다. 일정을 관리할 때 수첩과 일정관리 앱 양쪽에 모두 적어두는 것도 좋은 방법일 듯하다.

아날로그와 디지털 방식을 둘 다 사용하는 예로 《기록의 쓸모》의 저자인 이승희 작가를 들 수 있다. 그녀는 메모할 때 '손에 잡히는 대로' 사용하는데, 블로그, 페이스북, 인스타그램, 브런치, 영감노트, 여행노트, 구글문서, 카메라 등이 즐겨 사용하는 기록 도구다.

최근에는 아날로그와 디지털 방식을 결합한 기기도 다양하게 출시되고 있다. 종이에 글씨를 쓰면 실시간으로 모바일 기기로 전송되는 스마트펜도 있고, 특수한 기능을 지닌 펜을 사용해서 액정화면 위에 글씨를 쓰거나 그림을 그릴 수 있는 스마트폰도 있다. 컴퓨터나 스마트폰으로 메모를 작성한 후에 접착메모지에 출력할 수 있는 미니프린터도 개발 · 판매되고 있다. 앞으로 IT 기술의 발전과 함께 아날로그와 디지털 메모의 경계는 더욱 모호해질 것이다.

04
편한 방식으로

메모하는 방법에는 정답이 없다.
자기에게 가장 편한 방법을 사용하면 된다.
- 사카토 켄지, 《메모의 기술》 저자

파트2의 챕터1~3 에서 알아본 메모 방법이 6하 원칙 중 'when, what, where'에 해당한다고 한다면 이번 챕터는 어떻게('how')에 관한 것이라고 할 수 있다. 메모지와 스마트폰 등에 메모를 할 때 구체적으로 어떤 방식으로 할지에 관한 것이다.

메모는 필요한 것을 적어두었다가 나중에 활용할 수 있으면 된다. 상황과 개인별 취향에 따라 편리한 방식을 사용하면 되는 문제이다. 어느 한 쪽의 편을 들어 '이것만이 옳은 방법'이라고 말할 수는 없다. 그래서 백인백색이라고 할 정도로 수많은 방법이 존재한다.

하지만 이런 가운데서도 메모를 하는 사람들이 공통적으로 중요하다고 생각하고 지키는 원칙, 즉 '공통분모'들이 있다. 어떤 부분에 대해서는 의견이 나뉘기도 한다. 이러한 것들에 대해 알아두고 이를 활용해서 '나 자신만의 메모법'을 만들어 사용한다면 보다 효율적으로 메모를 할 수 있을 것이다.

| 메모의 '공통분모' 몇 가지 |

한 장에는 한 건만

메모를 할 때 공통적으로 사용하는 방법 중 가장 핵심적인 것은 한 장에 한 건씩만 적는 것이다. 한 장에 여러 가지를 메모하다 보면 관리하기 힘들다. 필요한 것을 쉽게 찾기 어렵고, 정리를 하려고 해도 여러 사항이 섞여 있어서 어느 항목에 넣어야 할지 곤란하다. 그래서 메모를 하는 사람들은 대체로 한 장에 한 건씩 따로 메모를 한다.

이런 경우 메모지 위쪽에 제목을 적어놓기도 한다. 제목을 적으면 하나의 과제로 인식하게 되어 보다 많은 내용을 생각할 수 있는 이점[32]이 있고, 관련된 내용을 한 데 모을 수 있으니까 글을 쓴다든지 업무기획을 한다든지 할 때 유용하게 활용할 수 있다.

메모지 앞면에만 메모를 하는 것이 좋다는 사람들이 많은데, 한쪽 면에만 메모되어 있으면 필요한 메모를 찾을 때 다른 쪽 면을 넘겨보지 않고 쭉 넘겨가면서 살펴보면 되니까 편하기 때문일 것이다.

회사에서 제공받은 업무노트를 사용해야 한다든지 해서 한 면에 하나만 메모하기 힘든 상황도 생길 수 있다. 업무노트에 적다보면 아무래도 날짜순으로 하게 되는데, 그러다 보면 다양한 메모가 뒤죽박죽 섞이게 된다. 이런 경우에는 처리한 사항은 지운다든지 주제별로 기호나 다양한 색깔을 사용해서 구분한다든지 하는 방법도 가능하다.

페이지 한 가운데에 세로줄을 그어 반으로 나눠 사용 - 외국어 통역을 할 때 사용하는 세로로 줄이 그어진 노트를 연상하면 된다 - 하는 것도 많은 사람들이 추천하는 방법이다. 이것은 메모의 두 가지 측면, 즉 팩트와 생각 - 이에 대해서는 파트2의 챕터2를 참고하라 - 가운데 생각에 중점을 둔 메모 방법이다. 왼쪽에는 팩트를 적고, 오른쪽은 비워놓은 다음 팩트와 관련된 생각이 날 때마다 적는다.

한 페이지를 반으로 나누는 것이 기본적인 형태이지만, 두 페이지를 셋이나 넷으로 나누는 한 단계 업그레이드된 방식을 사용하기도 한다.

기호 · 약어 활용

메모를 할 때 기호와 약어를 활용하는 것도 '권장' 사항이다. 적어놓은 메모에 중요도 같은 것을 표시하는 용도로 주로 사용하지만 많이 사용하는 단어를 특정부호로 표시한다든지 하는 방법도 가능하다.

슬로바키아 출신의 네멕 마틴 코치가 일하는 우리카드 배구팀의 웨이트 트레이닝장에는 슬로바키아어로 적은 메모가 빼곡하다. 선수들에게 전수할 체력훈련 비법을 적은 메모인데 외부유출을 막으려고 모국어를 암호처럼 사용한 것이다.[33]

이처럼 나만 알아볼 수 있어야 하는 예외적인 경우가 아니라면 기호와 약어는 빠르고 간단히 메모를 하기 위해 사용하는 것이 일반적이다. 그렇기 때문에 굳이 힘들여서 나만 아는 기호 · 약어를 만들어내려고 하기 보다는 다른 사람들이 어떤 것을 사용하고 있는지 알아보고 원용하는 것도 괜찮지 않을까 싶다.

메모를 할 때는 글자뿐만 아니라 그림이나 도표 등도 사용한다. 글자를 적을 때보다 시간이 훨씬 단축되고 한눈에 알아볼 수 있는 점이 장점이다. 외국에 여행을 갔을 때 유용한 대화 수단이 되어주기도 한다. 오토바이로 유라시아 3만 8,000km를 달린 조경국씨

는 러시아 시베리아에서 오토바이가 망가졌는데 메모지에 그림을 그려 도움을 받을 수 있었다.[34)]

기호 · 약어 (예)

기호 · 약어	내 용	기호 · 약어	내 용
!	아이디어	×	처리 완료
◉	중요한 사항	T	전화
☆	체크할 사항	F	팩스
?	확인 안 된 사항	M	회의
→	인과 관계	S	세미나
@	메일	ea	개

메모한 날짜 기입

메모를 할 때는 날짜를 적어두는 것이 좋다. 메모를 할 당시에는 별 의미가 없을지 몰라도 나중에 메모를 활용하려고 할 때는 날짜가 필요한 경우가 많다. 날짜를 적어두면 정리할 때도 순서대로 할 수 있으니까 편하다. 《종이 위의 기적, 쓰면 이루어진다》의 저자인 헨리에트 앤 클라우저는 '유일하게 지켜야 하는 규칙은 날짜를 기록해야 한다는 점'이라고 강조한다.

날짜를 적을 때는 연도도 함께 적는 게 필수다. '연도 정도는 기억나겠지' 하고 자신의 기억력을 과신하다가는 당황스런 상황에 처할 수도 있다. 몇 년 지나고 나면 기억이 헷갈린다. 한 두 해 전에 있었던 일 같은데 확인해보면 훨씬 더 오래 전의 일이었던 경험을 한번쯤은 해봤을 것이다.

글씨는 알아볼 수 있게

글자를 잘 쓰려고 하지 말라는 것도 메모를 생활화하는 사람들이 공통적으로 말하는 것 중 하나다. 메모는 들은 것이나 생각나는 것을 빨리 적어야 하는 경우가 대부분이다. 정자로 또박또박 적다가는 말과 생각의 속도를 따라갈 수 없다. 아무렇게나 막 쓸 때 아이디어가 더 잘 떠오른다고 하는 사람도 있다.

메모는 다른 사람에게 보이려는 것이 아니고 내가 활용하기 위한 것이니까 나만 알아볼 수 있으면 된다. 하지만 너무 휘갈겨쓰면 본인이 쓴 글씨도 알아보기 힘든 경우가 간혹 생긴다. 적어놓은 메모를 해독할 수 있는 수준은 돼야 한다.

손글씨를 사진으로 찍어두었다가 나중에 글자 인식 앱을 이용해서 검색할 계획이라면 기기가 휘갈겨 쓴 글씨는 인식하지 못할 테니까 제목이나 키워드, 검색어 정도는 정자로 적어둘 필요가 있다.

| 의견이 다른 메모방법들 |

요점만 vs 꼼꼼히

사람들마다 다른 견해를 보이는 메모방법들도 꽤 많이 있는데, 그중 대표적인 것은 요점만 적는 게 좋은지, 가급적 꼼꼼하게 기록하는 게 좋은지 하는 것이다.

요점만 적어야 한다고 주장하는 사람들은 '메모를 해놓는다고 해서 나중에 다 활용하는 것은 아니고 무조건 적다보면 무슨 내용인지도 모른 채 적는 경우가 많으니까 나중에 활용할 수 있는 사항을 중심으로 요점을 적는 것이 효과적'이라는 의견이다. 요점은 세 개 정도가 적당하다고 수치까지 제시하기도 한다.*

이에 반해 꼼꼼하게 모두 적어둬야 중요한 것을 놓치지 않는다고 주장하는 사람들도 있다. 특히 업무 지시사항 같은 것은 잘 적어두

---

* 사이토 다카시는 《메모의 재발견》에서 어떤 이야기를 듣거나 읽고 나서 내 것으로 만들기 위한 '강 건너기 포맷'을 소개한다. 노트 위에 가로줄을 두 개 긋고 어느 한쪽에서 반대편 강가까지 건너기 위해 디딤돌을 놓듯이 포인트를 세 가지로 정리하라는 것이다.

지 않으면 나중에 헷갈릴 수 있다. 농담까지도 적어두는 사람이 있는데, 이렇게 하면 나중에 당시의 분위기까지 생생하게 기억을 할 수 있다.

키워드 vs 완성된 문장

키워드만 적는 게 좋으냐, 아니면 문장으로 적는 게 좋으냐 하는 데 대해서도 의견이 갈린다. 이것은 바로 앞의 '논쟁거리'와도 어떤 점에서는 비슷한 문제다.

메모를 할 때는 빨리 적는 게 중요하며, 키워드만 적어둬도 나중에 다시 복기할 수 있다는 것이 전자의 주장이다. 박용만 두산인프라코어 회장은 지난해 자전적 에세이 《그늘까지도 인생이니까》를 냈는데, 참고한 자료는 메모장 안에 한 두 단어로 정리해 놓은 것들이 전부였다고 하니까 틀림없이 메모를 할 때 핵심 단어만 적는 습관이 몸에 배어 있을 것이다.

완성형 문장으로 적어야 한다고 주장하는 사람들은 문장으로 적어야 세세한 부분까지 내용을 되살릴 수 있다는 점을 강조한다. 단어가 아닌 문장으로 쓰는 것이 문장력을 향상시키는 데 가장 효과적이라고 말하기도 한다.

한 가지 색 vs 다양한 색깔

'파란색은 창조성을 낳고 빨간색은 정확성을 만든다'는 외국의 연구결과가 있다.* '파란색은 마음을 안정시키고 집중력을 높여준다'는 얘기도 있다. 그래서일까. 사람들은 메모를 할 때 다양한 색깔의 볼펜을 사용하기도 한다. 《나를 바꾼 기록생활》의 저자인 신미경씨처럼 감정에 맞게 스프레드시트의 칸 색깔을 바꾸는 방법도 사용한다.

사용하는 색깔은 주로 검정색과 파란색, 빨간색, 초록색 등 네 가지 색이다. 검정색은 단순한 팩트를 적을 때 사용하고 빨간색, 파란색, 초록색은 중요도를 구분하거나 주관적인 느낌을 적는 용도로 사용한다.

이와 달리 여러 가지 색을 사용하면 오히려 무엇이 중요한지 알아볼 수 없어 혼란스럽기만 하다며 반대의견을 제시하는 사람들도 있다.

---

* 일본의 노트법 강의 전문가 다카하시 마사후미가 《모눈종이 공부법》에서 캐나다 브리티시콜롬비아대 루이 줄리엣 주 교수팀의 논문내용을 인용하여 설명

메모 관련서적들에서 소개된 색깔별 용도

	《메모의 마법》	《기적의 메모술》	《모눈종이 공부법》	《메모의 재발견》
검정	사실을 적을 때	-	일반적인 필기	일반적으로 사용
파랑	조금 중요한 일, 인용, 참조	기본적으로 사용		어느 정도 중요한 내용
빨강	가장 중요한 내용	포인트가 되는 부분	중요하거나 수정할 사항	아주 중요한 내용
초록	주관적인 생각, 발상	-	-	개인적인 느낌, 의견, 생각, 감상, 질문

| 독서 메모 방법 |

"책은 문과 같다. 여는 순간 다른 세계로 갈 수 있다."

"독서는 누구나 할 수 있는 가장 멋진 모험 중 하나다."

"오늘의 나를 있게 한 것은 우리 마을 도서관이었다."*

---

* 앞부터 순서대로 재닛 윈터슨(영국 소설가), 로이드 알렉산더(뉴베리상 수상 미국 작가), 빌 게이츠(마이크로소프트 창업자)

독서의 중요성을 말해주는 말들이다. 굳이 이런 명언을 빌리지 않더라도 독서의 유용성에 대해서는 모두들 잘 알고 있다. 그래서 사람들은 꾸준히 책을 읽는다. 효과적으로 책을 읽는 방법에 대해 다양한 의견을 제시하기도 한다. 전체적인 책의 구조와 서문 · 목차부터 살펴본다, 여러 권을 동시에 읽는다, 먼저 한 번 쭉 읽고나서 천천히 다시 읽는다, 책의 처음부터 끝까지 다 읽을 필요는 없다, 필요한 부분만 집중적으로 읽으면 된다…

이러한 독서방법 가운데 가장 핵심적이고 많은 사람들이 강조하는 것은 메모를 하면서 읽으라는 것이다. 메모를 하지 않고 책을 읽는 것은 무의미하며 시간을 낭비하는 것이라고 말하기까지 한다. 메모를 해야 기억에 남고 나중에 활용할 수 있기 때문이다.

그러면 사람들은 독서를 하면서 뭘 메모할까? 책의 전체적인 내용, 중요하다고 생각되는 부분, 감명 깊은 구절 · 단어, 좋은 문장, 책을 읽을 때 떠오르는 생각과 아이디어, 책을 읽고 난 느낌, 책에 대한 간단한 평가, 책 속에서 언급된 참고서적 등 딱히 정해진 것은 없다. 읽는 사람이 필요하고 중요하다고 생각하는 것이면 무엇이든 다 대상이 된다. 책의 저자가 걸었던 길과 도시들을 메모해 두었다가 나중에 이곳으로 여행을 떠나기도 한다.

책을 읽을 때는 목적을 갖고 읽으라고 권하는 사람도 있다. 목적의식을 갖고 읽으면 더 자세하게 책을 들여다보게 되고 무심히 지나쳐 버리게 되는 부분들도 눈에 들어온다. 이른바 '선택과 집중'이 책을 읽을 때도 적용되는 것이다. 너무 많은 메모는 좋지 않다고 말하는 사람도 있는데, 메모하는 개수를 일부러 국한시켜 놓을 필요는 없을 듯하다. 메모를 하다보면 자연스럽게 취사선택이 될 테니까.

이해인 수녀는 '좋은 책을 읽다가 / 열심히 메모하고 / 밑줄을 그으면서 / 뜻깊은 미소를 짓는 이의 모습'*을 아름다운 모습의 하나로 들었다. 하지만 독서를 할 때 책에 직접 메모하는 문제는 '논쟁거리' 중 하나다.

책에 메모를 하는 사람들은 현대는 책이 대량으로 생산되는 시대라는 점을 강조하면서 아끼지 않고 책을 다뤄야 책 내용이 내 것이 된다고 주장한다. 그러면서 책의 빈 공간에 메모를 하고, 밑줄을 긋고, 형광펜으로 표시를 하고, 페이지를 접어둔다. 이렇게 자유롭게 읽기 위해 도서관에서 책을 대출하지 않고 꼭 구입한다.

반면에 '책은 깨끗하게 사용해야 하는 것'이라는 생각을 갖고 있

---

* 이해인 수녀의 시집 《작은 기쁨》(열림원, 2008.3)에 수록된 『아름다운 모습』의 일부

는 사람들도 적지 않다.* 이들은 책에 직접 메모를 하지 않고 메모지에 적어서 책장에 끼워두거나 포스트잇으로 표시를 해두고, 별도의 독서노트나 수첩도 이용한다. 《글쓰기의 상식에 헤딩하기》를 쓴 유귀훈 작가처럼 사진을 찍어 휴대폰 메모장 같은 데 저장하기도 한다.

둘 중에서 어떤 방식이 좋다고 단정 지어 말할 수는 없다. 개인의 선호도와 취향에 따라 마음에 끌리는 대로 쓰면 된다. 경우에 따라서는 평소와 다른 방식을 사용해도 좋을 것이다. 번역가 권남희씨는 다 읽고 난 책도 새 책 같이 깨끗하게 책을 읽는 습관이 있는데 《내 문장이 그렇게 이상한가요?》만큼은 고3 때 문제집처럼 책에 잔뜩 메모를 해가면서 읽었다고 한다.[35)]

베스트셀러인 《메모 습관의 힘》과 《메모 독서법》의 저자인 신정철씨는 책을 읽으면서 줄을 친 부분을 노트에 전부 옮겨 적는다. 두 가지 방식을 병용해서 시너지효과를 얻는 좋은 사례일 듯싶다. 책에 메모 · 표시를 한 그대로 놔두어도 되겠지만 따로 정리를 해두면 기억에 잘 남고 나중에 필요할 때 찾아 쓰기도 좋을 것이다.

---

* 책을 깨끗하게 읽은 후 중고서적으로 되팔려는 사람도 일부 있을 테지만 대부분은 책을 깨끗하게 읽는 것을 좋아하거나 습관이 되어 있을 것이다

05

메모한 다음에는 정리가 필수

기록만 한 채
그대로 방치해둔 메모는
휴지조각과도 같다.
- 시모노세키 마구로,
《메모는 기억보다 강하다》 저자

메모를 모으고 정리하는 데 시간을 쓰지 말고, 차라리 그럴 시간에 이미 메모해 놓은 것을 엮어서 사용하는 것이 중요하다고 말하는 사람도 있다. 메모가 중요하지 않다는 것이 아니라 메모를 쌓아놓지만 말고 활용해야 한다는 점을 강조하려는 말일 것이다.

파트2의 챕터2에서 살펴보았듯이 메모는 많을수록 좋다. 그래야 필요할 때 적절한 것을 꺼내서 활용할 수 있다. 하지만 찾아 쓰기 힘들다면 과유불급일 것이다. 메모한 것을 잘 찾아서 활용하려면 정리가 잘 되어 있어야 한다.

이처럼 메모 정리는 필요할 때 바로바로 찾기 위해 필요하다. 하지만 정리의 역할은 단지 여기에 국한되지 않는다. 적어놓은 메모를 정리하는 과정에서 아무 것도 아닌 것 같은 메모에서 새로운 아이디어가 떠오르기도 하고, 낱낱의 메모들을 정리해서 모아놓으면 엄청난 정보자산이 되기도 한다. 그리고 주변 정리 · 정돈도 된다. 베이컨은 '정돈된 환경이 창의력을 질식시킨다'고 했지만 일반적으로는 정리된 환경일 때 집중력도 배가된다.*

| 정리는 한 데 모으는 것부터 |

언론계에 있는 선배와 메모에 관해 대화를 나눈 적이 있다. 메모가 중요하다는 것을 알고 실천하고 있는 분이다. 나중에 참고할만하다 싶으면 뭐든 메모를 한다. 하지만 적어둔 메모를 체계적으로 관리하지 않고 여기저기 작놓아두다 보니까 막상 필요할 때 찾지 못해 실제 글을 쓸 때 활용하는 것은 일부분밖에 되지 않는다고 한다. '적어둔 메모를 모두 활용하면 훨씬 더 멋진 글을 쓸 수 있을 텐데'하는 아쉬움이 들었다.

메모한 것은 한 군데 모아두는 것이 중요하다. 그렇지 않고 여기저기 흩어져 있으면 필요할 때 찾기 힘들다. '한 군데'라고 해서 꼭 한 곳에 모아두라는 얘기는 아니다. 관리할 수 있는 수준이라면 몇

---

* 책상 위에 쌓인 자료만 정리해도 온갖 자료가 뒤섞여 갈피를 잡기 힘든 상태에서 벗어나게 되어 차분히 업무에 전념할 수 있다. 업무 효율도 크게 오른다. (졸저 《정리의 스킬》, p.59)

군데에 나누어 보관해도 괜찮다. 필요할 때 다른 곳을 찾지 않고 정해둔 몇 군데만 확인하면 되니까 편리하다. 그렇지 않으면 여기저기 다 찾아봐야 하고, 그렇게 하고 난 후에도 '혹시 다른 곳에 메모가 더 있지 않을까' 하는 미진한 느낌이 들 것이다.

메모한 것은 어디에 보관하는 것이 좋을까? 넷플릭스 드라마 『오징어 게임』에 또한번 들어가보면 게임 참가자와 진행요원 리스트 등이 담긴 파일철들이 서가 가득 꽂혀있는 장면이 나온다. 가지런한 모습이 보기 좋다. 하지만 이런 방법은 공간을 많이 차지한다.

아날로그 메모를 보관하기 위한 가장 무난한 공간은 파일서랍이 아닐까 싶다. 메모를 파일철에 넣은 다음 서랍 안에 세워서 보관하면 되는데, 이렇게 하면 책상 바로 옆에 있으니까 손만 뻗으면 꺼낼 수 있다. 메모를 파일철에 넣을 때에는 메모지의 크기가 작은 경우에는 A4 복사용지 같은데 붙여서 규격을 통일하고, 최근 날짜의 메모를 앞쪽에 놓는 방식으로 정렬해 두면 편리하다. 사용한 파일철을 맨 앞에 두는 '밀어내기 파일링'도 유용한 방식이다.

파일서랍은 파일철을 넣을 수 있도록 제작된 서랍이다(왼쪽 사진). 2단, 3단, 4단 등 다양한 제품이 판매되고 있다. 보관할 파일철이 많지 않은 경우라면 오른쪽과 같은 책상서랍을 이용해도 된다. 보통 맨 아랫단에 파일을 넣는다.

디지털 방식으로 메모를 하다보면 컴퓨터, 노트북, 태블릿PC와 휴대폰 등 여러 군데에 분산해서 메모하게 되는 경우가 많은데, 이렇게 되면 관리하기 힘들다. 어쩔 수 없이 여러 기기에 메모를 하더라도 모아두는 것은 특정 기기에 하는 것이 좋다. 에버노트 같은 앱을 사용하면 클라우드 기능이 있어서 여러 기기를 사용하더라도 연동이 되니까 편리하다.

컴퓨터나 노트북의 폴더에 메모를 보관하는 경우에는 백업에 신경을 써야 한다. 지난해 여름 첫 산문집을 낸 김명리 시인은 노트북이 파손되는 바람에 세 달 동안 네팔 여행을 한 기록을 모두 잃어버린 아픔을 이야기한다.[36)]USB 메모리 같은 이동저장장치에 백업을 해 두었더라면 이런 아픔을 겪지 않아도 되었을 것이다.

메모를 어디에 하든 최종 저장수단으로는 디지털 메모장을 이용한다는 사람도 있다. 메모한 것을 일일이 사진으로 찍거나 스캔하는 등 디지털화해서 컴퓨터(또는 노트북)에 일괄적으로 보관하기도 한다. 이렇게 하면 검색 기능을 이용해서 찾기 쉽고, 많은 양을 저장할 수 있고, 저장을 위한 넓은 공간이 필요하지 않은 등 장점이 많다.

하지만 수첩이나 메모지에 메모한 것을 모두 다 컴퓨터로 옮기는 것은 적지 않은 시간을 투입해야 하는 일이다. 시간 여유가 있다면 모를까, 그렇지 않다면 정리하는 작업 자체가 부담으로 느껴지고, 그러다보면 정리하는 것이 싫어지게 될 수도 있다.

그래서 메모를 보관하는 데에는 아날로그와 디지털 방식을 병행하는 것이 좋지 않을까 하는 것이 필자의 생각이다. 검색 등을 위해서 꼭 필요한 경우라면 컴퓨터에 옮겨서 보관하고, 그렇지 않다면 손으로 메모한 것은 아날로그 형태로 그대로 보관하고 디지털 기기를 이용해서 메모한 것은 디지털 형태로 보관하는 것이다.

종이 위에 적은 메모를 넘기다보면 감촉이 좋고 메모를 넘기는 과정에서 아이디어가 떠오르기도 하니까, 손으로 적은 메모를 컴퓨터에 옮겨놓은 경우라도 이러한 이점을 활용하는 차원에서 버리지 않고 보관해도 좋다. 이 방법은 만일의 경우에 대비한 '이중안전장치'도 된다. 이럴 때는 메모지에 '컴퓨터에도 같은 내용 보관'

정도로 간단히 적어둔다. 이런 표시가 되어 있는 메모는 나중에 메모를 '처분'할 때 우선 대상으로 삼으면 된다.

메모한 것을 한 데 모으는 작업을 하다보면 중복되거나 앞으로 사용하지 않을 것 같은 메모와도 조우하게 된다. 왜 메모를 했는지 알 수 없는 메모도 간혹 섞여 있다. 이럴 때는 과감하게 버린다. 나중에 혹시 찾게 될지 모른다는 생각으로 모아두다가는 이런 메모로 인해 정작 필요한 것을 찾기 힘든 경우도 발생한다.

| 분류하기 |

메모광으로 유명한 이하윤 선생의 수필 『메모광』에는 메모한 것을 '그냥 봉투 속에 집어넣고 간수한다'는 내용이 있다. 메모를 따로 정리하지 않고 봉투에 넣어두었다가 필요할 때 찾아서 쓰는 방식으로 메모를 관리했던 것 같다. 여러 군데 보관하지 않고 봉투 속에 넣어두었으니까 '한 군데 모은다'는 기본원칙을 확실히 지킨 셈이다.

이하윤 선생처럼 서류봉투나 상자, 서랍, 휴대폰 메모장 같은 곳을 메모 저장 공간으로 활용해 별도의 정리작업 없이 한꺼번에 모아두는 사람들이 있다. 나중에 검색 기능을 이용하면 된다는 생각으로 컴퓨터 폴더에 쌓아두기도 한다. 나중에 이 저장공간만 확인하면 찾을 수 있을 테니까 어떤 점에서는 유용한 방식이라고 말할 수 있을 것이다.

하지만 이런 방식은 메모한 것이 적을 때 가능한 방법이다. 메모의 양이 많아지면 찾기 힘들다. 컴퓨터 속 메모도 검색어만 갖고는 찾는 작업이 쉽지 않다. 어딘가에 있기는 하겠지만 필요할 때 바로 찾아서 쓰지 못한다면 무슨 소용이 있을까. 메모는 체계적으로 잘 분류해서 정리해 두어야 한다. 그래야 쉽게 찾을 수 있다. 또한 주제별로 모아놓은 메모들이 글감이 되고 책이 되기도 한다.

유귀훈 작가는 '바구니를 여러 개 만들면 당장 사용하지 않는 바구니 속 메모는 기억에서 사라지고, 다른 메모와 연결될 기회를 상실한다'고 말한다.[37] 맞는 말이다. 메모는 분류하는 순간 그 틀에 묶여서 더 이상 다르게 사용될 수 있는 여지를 잃어버리게 된다. 하지만 쌓아놓고 찾지 못해 아예 활용하지 못하는 것보다는 이렇게라도 활용하는 것이 낫다. 일정 보류기간이 경과한 후에 분류한다든지, 주제를 엄격하게 적용하지 않고 유연성을 둔다든지 하면 보완책이 될 수 있을 것이다.

그러면 주제별 분류는 어떤 방식으로 하면 될까? 노트나 수첩 등을 여러 권 마련해서 관심 분야별로 각 노트(수첩)에 메모한다든지, 노트 한 권에 다양한 주제의 메모를 구분해서 적는다든지 하는 방법도 가능하겠지만 계층식 분류 방법이 가장 무난하지 않을까 싶다.

큰 주제를 정하고 그 아래 다시 작은 주제들을 두는 방식인데, 아날로그와 디지털 메모에 모두 적용 가능하다. 종이에 메모한 것은 주제별로 분류해서 각각 파일철을 만들어 보관한다. 컴퓨터나 휴대폰 메모장 등에 메모된 것을 정리할 때도 검색 기능에 너무 의존하지 말고 파일철과 똑같이 계층식으로 주제를 나누면 편리하다.

주제 분류는 너무 복잡하지 않은 것이 좋다. 보통 계층은 3단계 정도로 하고, 각 계층별로 5개 정도의 주제로 나누는 것이 적당하다. 물론 이것은 절대적인 기준은 아니다. 각자가 처한 상황과 관심 정도에 따라 편한대로 정하면 된다. 주제별로 분류된 메모는 날짜 순으로 정리해 두면 일의 순서나 사건 진행경과 등을 파악하는데 도움이 된다.

주제어는 메모지 윗부분 같은 데 적어두어야 나중에 헷갈리지 않는다. 디지털 메모의 경우에는 문서나 파일 · 폴더 제목에 주제어가 포함되도록 하면 된다.

주제 분류 사례

양선아 (한겨레신문 기자)	다이어리에 일기, 가계부, 스케줄노트 등의 인덱스를 붙여 한 권에 모두 적고 자신만의 특별한 챕터 - '나를 찾아가는 여행', '걷는 사람' 등 - 도 만들어 놓는다.[38]
이상준 (회계사)	책을 읽은 후 인문학, 경제, 과학, 종교, 예술 등 28개 주제별로 요약 내용을 분류해 놓는다. 이런 방식 덕분에 교양서적 5권 출간이 가능했다.
정호승 (시인)	휴대폰 메모장에 '써야 할 시', '쓰고 있는 시' 등으로 파일을 만들고 파일에 시 제목을 적어두었다가 생각이 떠오를 때마다 메모를 한다.
조경란 (소설가)	'보고 싶은 영화'를 적어두는 메모장이 따로 있다.
한수산 (소설가)	메모한 글감을 종교, 집, 꽃, 사람 등 수십 종으로 분류해 둔다.
베르나르 베르베르 (프랑스 소설가)	컴퓨터에 '백과사전' 항목을 만들어서 새로운 사실을 발견할 때마다 입력한다. '상대적이며 절대적인 지식의 백과사전'은 이렇게 해서 탄생했다.

| 정리하는 시점 |

메모한 것을 정리하는 것은 중요하다. 메모를 아무리 많이 해 놓았어도 분류해 놓지 않아서 찾지 못하거나 단순한 팩트 이상의 용도로 활용하지 못한다면 투입 대비 산출이 적은 비효율적인 일이 되고 말 것이다. 메모에 쏟는 노력이 쓸 데 없는 낭비가 되지 않도록 하기 위해서는 정리하는 과정이 꼭 필요하다.

홍인혜 시인은 노트북, 데스크탑, 태블릿 PC 등 여기저기에 파일을 흩어놓아서 써놓은 글을 잃어버리는 일이 가끔 있다고 아쉬워한다. 그러면서 5분 정도의 정리하는 노력을 빼먹어서 벌어지는 일이라고 인정한다.[39] 홍인혜 시인이 말하는 5분 정도로는 부족할 수도 있겠지만, 메모한 것은 시간을 할애해서 정리해야 한다. 그래야 비로소 '내 것'이 되고, 필요할 때 활용할 수 있는 데이터베이스가 되어 준다.

그러면 메모는 언제 정리하는 것이 좋을까? 메모한 것을 정리하지 않고 쌓아두다 보면 어느 순간 걷잡을 수 없이 많아지는데, 바로바로 정리하는 것이 이러한 사태를 방지하는 가장 좋은 방법일 것이다. 하지만 여러 가지 이유로 나중에 정리를 하는 사람들도 많다. 시간이 날 때마다 틈틈이 정리하기도 하고, 약속장소에 조금 일찍 나가서 메모를 정리하기도 한다. 하루를 마무리하는 밤이나 주말을 이용해서 차분하게 정리하는 시간을 갖기도 한다.

이처럼 사람들이 메모를 정리하는 시기는 다양하다. 하지만 공통점이 하나 있다. 메모한 것을 그대로 방치해두지 않고 언젠가는 반

드시 정리를 한다는 것이다.

시간이 지난 후에 메모를 다시 읽으면 새로운 아이디어가 떠오르기도 하는데, 이런 점에서 일정 기간 '숙성 기간'을 둔 후에 메모를 정리하는 것도 한 가지 방법일 수 있다. 단, 숙성 기간이 너무 길어져서 왜 메모를 했는지 기억하지 못할 정도가 되어서는 안 된다.

06

메모의 핵심은 활용

활용되지 않는 기록은
반쪽짜리 기록이다.
- 이찬영, 《기록형 인간》 저자

중고등학교 교실에 들어가 보면 책상 위에 낙서가 가득하다. 단순한 낙서도 있지만 수학 공식이라든지 한국사 연표 같은 교과서 내용이 적혀있는 경우도 많다. 시험을 볼 때 컨닝하기 위해 - 물론 시험은 순수하게 자기 실력만으로 보는 게 옳겠지만 - 적어놓은 것들이다. 활용의 측면에서만 본다면 '책상 위의 낙서'는 최고의 메모 활용방법 중 하나일 것 같다.

| 메모의 최종 종착지, 활용 |

메모를 하는 과정에서 복잡한 머릿속이 정리되고 풀리지 않는 문제에 대한 실마리가 생각나기도 하지만, 메모는 '책상 위의 낙서'

처럼 필요한 것을 적어두었다가 활용하는 것이 주목적이다. 나중에 글을 쓰기 위한 자료로 활용한다든지, 메모해둔 것을 기초로 더 나은 아이디어를 착안해 낸다든지 하는 것이 목적인 것이다. (메모의 다양한 활용 사례에 대해서는 파트1을 참고하라.)

메모에 관한 책을 쓴 저자들은 메모 활용의 중요성에 대해 한 목소리로 얘기한다.*

최효찬	메모 그 자체가 목적은 결코 아니다. 메모가 메모 그 자체로 끝난다면 의미가 없다. 메모의 진정한 위력은 (재)활용에 있다
이상혁	메모의 목적은 생각을 모아서 정리하고 실천하는 것임을 항상 잊지 말아야 한다. 실천이라는 행동이 필수이다.
유귀훈	메모는 어디까지나 인풋에 불과하다. 인풋이 아무리 많아도 아웃풋을 만들어내지 못한다면 그저 혼자 즐기고 만족하는 아마추어일 뿐이다.

* 위에서부터 순서대로 《한국의 메모 달인들》, 《노트의 기술》, 《글쓰기의 상식에 헤딩하기》 저자

하지만 메모를 하면서도 활용하지 못하는 사람들이 많다. 레오나르도 다빈치도 엄청난 양의 메모를 남긴 것으로 유명하지만 메모해 놓은 것 중에서 실제로 활용된 것은 일부분이다. 왜 그럴까? 메모를 활용하려는 '충분한 동기'가 없었기 때문이라는 평가가 있다.[40] 적당한 동기가 뒷받침되었더라면 훨씬 더많은 그의 걸작품들을 볼 수 있었을 것이라고 생각하면 참 아쉽다.

다빈치의 사례에서 보듯 메모를 활용하려면 '동기'가 있어야 한다. 여기서 '동기'는 관심과 의지라고 바꿔 표현해도 좋을 것이다. 메모를 하는 사람이라면 그만큼 메모가 중요하다는 것을 잘 알고 있을 텐데 실제 활용으로 이어지지 못하는 것은 확고한 목표가 없다든지 실행으로 옮길만한 의지가 부족하기 때문일 것이다.

뭔가 해보고 싶은 생각과 추진력이 없다면 활용으로 이어지기 어렵다. 이렇게 되면 오랜 기간 메모를 하고 정리하느라 투입한 노력과 시간은 다 공중으로 날아가 버리고 만다. 그럴 바에는 아예 메모를 시작하지 않는 것이 낫다. 메모를 하는 행위 자체가 갖는 효용성을 위해 메모하는 것이 아니라면 쌓아두기만 해서는 의미가 없다.

그렇다면 해답은 둘 중 하나다. 메모를 아예 하지 않거나, 확고한 목표를 갖고 메모를 실제 활용으로 연결시키는 것. 어떤 것을 선택해야 할까?

| 메모활용법 ① 다시 읽기 |

메모를 활용하는 쪽으로 방향을 정했다면 이제 적어놓은 메모를 어떻게 하면 잘 활용할 수 있을지 알아봐야 할 순서다. 여러 가지 방법이 있겠지만 가장 중요한 것은 메모한 것을 꺼내서 다시 읽어 보는 것이다.

메모를 열심히 해놓고도 나중에 다시 들여다보지 않는 경우가 많다. 여행을 갈 때 하나라도 놓칠세라 부지런히 사진을 찍어 남겨놓지만 다시 보지 않는 것과 비슷하다. 일단 내 수중에 들어왔다는 생각에 안심이 돼서 방심을 하기 때문일까? 메모는 다시 읽어보지 않으면 메모를 한 사실 자체도 잊어버리게 된다. 다시 읽어볼 때에야 비로소 가치를 갖게 된다.

메모한 것을 다시 읽다보면 자연히 머릿속에 기억으로 남는다. 찬찬히 다시 읽는 과정에서 생각이 정리되기도 하고 글감이나 업무소재를 발견하기도 한다. 목표를 다시 확인하는 계기가 되어 주기도 한다. 《메모의 힘》을 쓴 유근용 작가는 이메일 비밀번호를 '베스트셀러 작가'라고 설정해 놓고 이메일을 열 때마다 각오를 다졌다.

메모 다시 읽기가 가져다주는 효과는 이처럼 다양하지만 '최고의 선물'은 무엇보다도 생각의 확장이다. 메모를 다시 읽다보면 메모할 당시에는 생각나지 않던 새로운 아이디어가 떠오른다. 그러다 보면 2차 메모, 즉 메모해 놓은 것을 기초로 다시 메모를 하는 '메모의 메모'도 많이 하게 된다. 그만큼 지식 데이터베이스도 확대된다.

《종이 위의 기적, 쓰면 이루어진다》의 저자인 헨리에트 앤 클라우저는 "아이디어와 해결책이 고갈됐다고 생각하는 바로 그 순간을 넘어서면 무릎을 치며 감탄할 최상의 것을 만날 수 있다"고 말한다. 메모를 다시 읽으면서 숙고하면 깊이 있고 새로운 아이디어를 얻는 데 도움이 된다.

메모를 정리할 때 주제별로 잘 분류해 둔 경우라면 굳이 다시 읽어보는 수고를 하지 않고 필요할 때 해당 주제의 메모를 꺼내서 쓰면 되지 않을까 하는 생각이 들 수도 있다. 하지만 잘 분류해둔 경우라고 하더라도 가끔은 저장된 메모를 다시 쭉 넘겨볼 필요가 있다. 완벽한 분류란 없다. 처음에는 어느 특정 주제로 분류했더라도 시일이 경과함에 따라, 그리고 시각에 따라 다른 방식으로 분류할 수 있는 가능성은 열려 있다.

그러면 메모는 언제 다시 읽어보면 좋을까? 수시로 시간이 날 때마다 읽는 사람도 있고, 메모가 '신선할' 때 다시 읽어보는 것이 좋다는 사람도 있고 하루나 한 달, 1년 후에 다시 읽는다는 사람도 있다. 사람을 만날 때 전에 적어둔 대화내용을 미리 읽어보고 나가는 사람도 있다. 정해진 것은 없다. 메모를 정리할 때와 마찬가지로 상황에 따라, 각자 편리한 대로 하면 된다. 중요한 것은 언젠가는 다시 읽는다는 것이다.

| 메모활용법 ② 연결하기 |

메모해 놓은 것 하나하나가 소중한 자료가 되고 아이디어의 원천이 되지만, 여러 개의 메모를 서로 연결하는 것도 메모를 효과적으로 활용할 수 있는 주요한 방법이다.

스티브 잡스의 2005년 스탠퍼드대 졸업식 축하연설은 'Stay hungry! Stay foolish!'(항상 갈망하라. 항상 우직하라)라는 말로 유명하다. 잡스는 연설에서 '현재 일어나는 사건들은 서로 연결되어 있다'(You have to trust that the dots will somehow connect in your future)라고도 했다. 삶에서 각 사건들의 '연결'의 의미를 짧으면서도 핵심적으로 말해준다.

메모도 삶의 순간들과 마찬가지다. 하나의 메모만으로는 별다른 의미를 갖지 못하더라도 서로 연결됨으로써 의미를 갖게 된다. '구슬이 서 말이라도 꿰어야 보배'라는 속담처럼 메모들이 모여 귀중한 보석이 되고, 나무가 아니라 숲을 볼 수 있게도 해준다.

메모들을 연결함으로써 효과를 거둘 수 있는 가장 대표적인 것은 아마도 책쓰기일 것이다. 유귀훈 작가는 '저자들은 예외 없이 메모를 연결하여 책을 쓴다'고 단언적으로 말한다.[41] 메모한 것을 단순히 연결만 한다고 책이 되는 것도 아니고, 모든 작가들이 이런 방식으로 책을 쓰는 것도 아니겠지만 책쓰기에서 메모가 중요하다는 것을 아주 잘 보여주는 말이라고 생각된다.

정민 교수는 《책벌레와 메모광》에서 자신이 메모를 연결해서 책을 쓴 사례를 자세히 소개하고 있다. 일본 고야마 기와무 교수의 잠언집을 번역하고 여기에 평설을 달아서 책을 낸 경험담이다. 정민 교수는 잠언집 원문을 복사해 카드 한 장에 토막글 하나씩을 풀로 붙여서 번역한 뒤 연관 있는 내용끼리 서로 묶는 방식으로 책을 냈다.

메모를 연결하다보면 그동안 막연히 알고 있던 것이 명확해지고, 전혀 생각지 못한 새로운 사실이나 지식을 얻을 수도 있다. 현대 경쟁사회에서는 다른 사람들과 다른 차별화, 독창성이 특히 중요시되고 있는데, 메모의 연결은 바로 이와 같이 나만의 목소리를 담은 아이디어를 얻을 수 있는 효과적인 방법이다.

포스트잇은 메모를 연결해서 아이디어를 낼 수 있는 좋은 도구다. 포스트잇에 메모를 해서 이리저리 합치고 나눠보다 보면 참신한 아이디어를 얻게 되는 경우가 많다.

하버드의대 정신과 교수인 알버트 로텐버그는 미국의 예술가·과학자들이 서로 다른 두 개의 것들을 하나로 융합하는 과정을 통해 창의적인 업적을 이루어냈다는 사실을 발견했다. 손정의 소프트뱅크 회장은 두 종류의 단어장에 여러 단어를 적고 무작위로 넘겨서 나오는 단어들을 조합해서 아이디어를 내고는 했다. 연결의 중요성을 말해주는 사례들이다.

PART 3

9와 2분의 1 메모

파트3은 필자의 개인적인 메모 경험과 메모법을 소개하는 부분이다. 메모에 관심을 갖게 된 경위와 주로 사용하는 메모방법에 대해 자세히 설명한다.

필자는 메모하는 사람들이 공통적으로 사용하는 방법을 따르면서도 나름대로 독특한 방식을 사용하고 있다. 따라서 파트3은 메모에 관심 있는 분들께 '이런 방식도 가능하다'는 것을 알려주고, 선택 가능한 메모 방법에 추가적인 선택지를 제공해줄 수 있을 것이다.

01
내게로 온 메모

어느 때부터인가 나는 메모에 집착하기 시작하여,
오늘에 와서는 잠시라도 이 메모를 버리고는 살 수 없는,
실로 한 메모광이 되고 말았다.
- 이하윤, 수필가

칠레의 파블로 네루다 시인은 '시가 내게로 왔다'고 썼다. 나는 '메모가 내게로 왔다'고 말해야 할 것 같다. 나의 삶에서 메모는 학교, 집, 회사 등 항상 주변에 있었다. 하지만 그냥 거기 있을 뿐이었다. 어느 날 이 모든 것이 바뀌었다. 챕터1은 이에 관한 이야기이다.

| 내게 메모가 갖는 의미 |

내 기억 속의 메모는 다음과 같은 것들이다. 중고등학생 때 수업 내용을 빠뜨리지 않고 열심히 노트한 것. 러시아 페테르부르크에서 공부할 때 아내 - 당시는 결혼 전이었다 - 에게 이틀이 멀다하고 팩스를 쓴 것. 예술의 전당에서 열린 송년 가족음악회에 참석한 후 새해가 막 시작되는 순간에 메모지에 희망을 적어 풍선에 실어 보낸 것… 그 이상도 이하도 아닌, 딱 이 정도 수준이었다.

다만 한 가지 특별한 점이 있다면 초등학생 때부터 쓴 일기장을 여러 번 이사하면서도 잘 보관하고, 군대생활을 할 때도 항상 일기장을 옆에 끼고 살다시피 할 정도로 오랜 기간 일기를 써왔다는 것인데, 이마저도 결혼을 하고 업무 부담도 늘어나면서 한동안 중단되고 말았다.

이러한 내게 어느 날 선물처럼 메모가 찾아왔다. 2009년 초니까 벌써 13년 전의 일이다. 이후 메모는 항상 내 곁에서 든든한 동반자가 되어 주고 있다. 그동안 두 권의 책을 냈고 '책 읽기, 책 쓰기, 책 만들기'를 평생 추구할 삶의 목표로 설정하고 이 방향으로 나가고 있는데, 메모가 없었다면 불가능한 일이다.

13년 전에 메모에 관심을 갖기 시작했으니까 내게 있어 본격적인 메모의 역사는 딱 이만큼의 기간인 셈이다. 짧다면 짧을 수도 있는 기간 동안에 메모는 내게서 뗄 수 없는 한 부분이 되었다. 이제 메모 없는 삶은 상상할 수 없을 정도다. 인생 2막의 문 앞에 서 있는 지금 두려움은 커녕 오히려 당당하고 자신감 있게 미래를 맞이할 준비가 되어 있는 것도 바로 메모가 있기 때문이다.

| 메모와의 만남 |

이 모든 것의 시작은 메모에 관한 책을 우연히 읽은 것이다. 한 권의 책이 누군가의 삶의 방향을 변화시키기도 한다. 꼭 명저이고, 고전문학 작품이어야 하는 것은 아니다. 읽는 사람에게 감동을 주는 책이면 된다.

나를 메모로 이끈 책도 그런 책이다. 이 책은 '메모가 내게로 오는' 계기가 되었다. 제목은《노트 한 권으로 끝내는 메모력》으로, 오쿠노 오부유키라는 일본인 저자가 쓴 자기계발서다. 엄청난 명저도, 베스트셀러도 아니다. 제목이 말해주듯 노트 한 권에 모든 것을 다 담으라는 것이 주내용이다.

'책을 읽은 후에는 책 내용을 실행하는 것이 중요하다'는 얘기를 수없이 들어오기는 했어도 그냥 넘어가고는 했는데, 이 책을 읽고 나서는 한번 따라 해보고 싶다는 생각이 들어 바로 그날부터 메모를 시작했다.

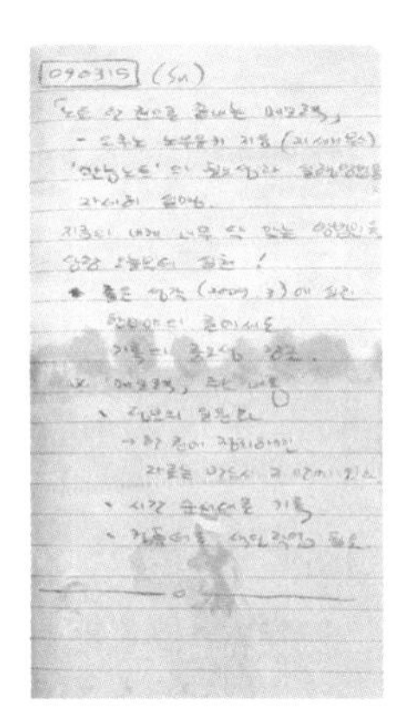

나의 첫 메모 수첩과 첫 날 기록. 수첩에 다양한 자료를 붙여둔 탓에 제법 두툼하다.

이렇게 해서 메모를 하는 생활이 시작되었다. 밤에 잠자기 전에 시간을 내서 메모 작업을 했는데, 요즈음 유행하는 '다꾸'(다이어리 꾸미기)와 비슷하다고 해도 좋을 것 같다. 수첩에 그날 있었던 일들을 적고 참고할만한 신문기사와 공연티켓 같은 것도 붙여놓았다. 밤에 정 시간을 내기 힘들면 주말에 몰아서 하는 경우도 간혹 있었지만 거의 거르는 날 없이 지속했다. 이렇게 매일 메모를 하면서 자연스럽게 일기도 다시 쓰게 되었다.

| 나의 메모 변천사 |

수첩 한 권에 모든 것을 메모하기 시작한 지 1년쯤 지났을 즈음 마이크로소프트의 문서관리 프로그램인 원노트와 만난다. 마침 수첩에 모든 것을 적는 방식에 지쳐가고 있을 때여서 바로 원노트로 전환했다. 똑같은 걸 반복하면서 매너리즘에 빠질 때에는 새로운 방식으로 바꿔보는 것도 괜찮을 거라는 생각을 했던 것 같다.

원노트를 2년쯤 사용했을 때 원노트와 기능이 비슷한 에버노트를 알게 된다. 이를 계기로 패스워드를 넣을 수 있는 원노트에 일기를 적고 다른 메모는 에버노트를 이용했다. 이렇게 한동안 원노트와 에버노트 두 가지를 함께 사용하다가 클라우드 저장 기능이 있는 에버노트로 단일화했다.

에버노트로 단일화한 만큼 그동안 원노트에 보관되어 있는 메모를 에버노트에 옮겨야 했는데, 시험적으로 일부분만 옮겨본 후 차일피일하다 그만 패스워드를 잊어버렸다. 그래서 원노트의 메모들은 컴퓨터를 두어 차례 교체하는 과정에서 떼어놓은 여러 개의 하드디스크 중 어딘가에서 지금도 불러줄 날만을 기다리고 있다.

에버노트로 단일화하는 방식도 그리 오래 지속하지는 못했다. 일기를 시간이 날 때마다 틈틈이 종이에 써두었다가 나중에 에버노트에 저장하고, 일반적인 메모는 에버노트에 직접 입력하거나 메모지에 적는 방식으로 바뀌게 된다. 메모에 대한 관심이 많아지기는 했지만 이때만 해도 아직 '나만의 메모 방식'이라고 할 만한 것은 따로 없었던 시기여서 손에 잡히는 대로 다양한 메모지를 사용했다.

이런 과정에서 영수증도 일종의 메모라는 생각이 들어 한동안 영수증도 보관해 두었다. 세월이 지나면서 글자가 지워지고 도저히 감당할 수 없을 지경이 되었을 때가 돼서야 한꺼번에 폐기처분했다. 아내에게 핀잔을 들었다.

2014년초에는 나의 메모 역사에서 결정적인 전기를 맞이하게 된다. 여러 가지 메모지 중 하나였던 9.5cm x 9.5cm 메모지가 점차 주력 메모도구로 부각되기 시작한 것이다. 이러한 변화는 첫 책인 《오후반 책쓰기》를 쓰는 동안 더욱 가속화돼서 책이 출간된 2015년 가을 무렵에는 9.5cm x 9.5cm 메모지가 내 메모 중심에 확고히 자리 잡고 다른 메모도구들은 보조적인 역할을 한다.

나의 메모 사용 변천과정

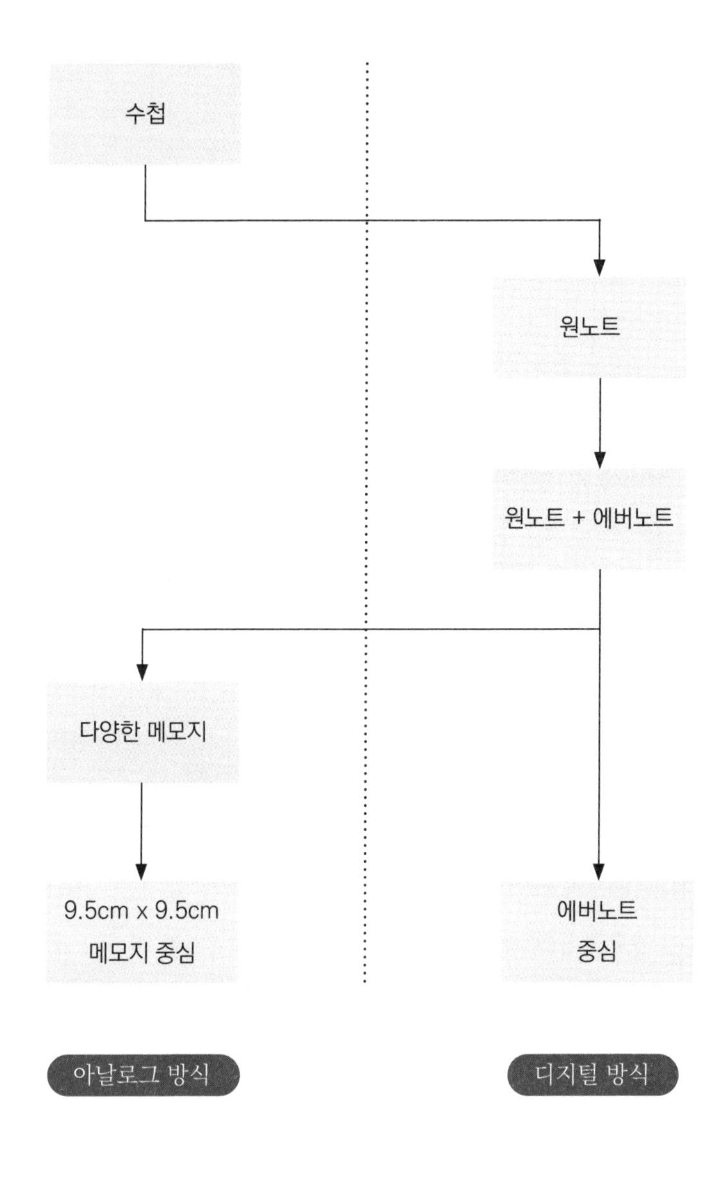
수첩
원노트
원노트 + 에버노트
다양한 메모지
9.5cm x 9.5cm
메모지 중심
에버노트
중심
아날로그 방식
디지털 방식

02

나의 메모 생활

메모는 나의 인생을 크게 변화시킨
'마법의 지팡이'였다.
앞으로도 이 메모의 마법이 내 삶을
더 나은 방향으로 이끌어줄 것이라고 확신한다.
- 마에다 유지, 《메모의 마법》 저자

앞 챕터에서 메모가 내 삶의 중요한 부분이라는 점에 대해 이야기했으니까 이제는 내가 어떻게 메모를 하고 있는지 말할 순서일 것 같다. 먼저 어떤 원칙을 갖고 메모를 하는지 소개하고 이어서 구체적으로 어떤 방법들을 사용하고 있는지 설명하려고 한다.

| 내가 메모하는 몇 가지 원칙 |

'메모하는 원칙'이라고 하니까 뭔가 거창한 것 같지만 그렇지는 않다. 메모를 10여년간 하다보니 자연스럽게 '기준'이라고 할 수 있는 것들이 생겼는데 이것을 말하는 것이다.

나는 가능하면 메모를 많이 하려고 한다. 지나가면 그만이다. 시간이 지나면 기억은 희미해진다. 그러면 소중한 자료와 아이디어, 그리고 내 삶의 흔적은 손가락 사이로 물이 빠져 나가듯 사라져버리고 만다. 조금만 시간을 내면, 조금의 귀찮음을 이겨내기만 하면 '내 것'이 될 수 있는데 놓쳐버리는 것은 너무 안타까운 일이다.

그렇다고 해서 내가 '메모광'이라고 말할 수 있는 수준은 아니다. 내게로 다가와준 고마운 메모를 내 삶의 조력자로 유용하게 활용하려고 노력하고 있을 뿐이다.

또 한 가지 나의 메모 특징은 내 생각을 적는 비중을 점차 늘려가고 있다는 것이다. 파트1에서 메모의 효용성을 크게 다섯 가지 - 기억, 자료, 아이디어, 생각·마음 정리, 소통·전달 - 로 나눠 알아보았는데, 나 역시 이러한 효용성을 모두 활용하고 있다. 이중에서 지금까지는 자료 측면에 중점을 두어 왔는데, 점차 내 생각을 적는 쪽으로 나가려고 하고 있다.

자료가 많다고 능사는 아니다. 자료를 엮어서 제대로 된 '작품'을 만들어내려면 내 생각이 들어가야 한다. 독창성을 담기 위해서도 내 생각은 필요하다. 메모한 것을 갖고 깊이 생각하다보면 새로운 생각이 떠오른다. 이것이 2차, 3차 메모다. 2차, 3차 메모를 얻으려면 방법은 한 가지다. 이렇게 저렇게 생각해보는 것이다.

세 번째는 적어놓은 메모를 언제든 활용할 수 있도록 잘 정리하는 것이다. 메모가 아무리 많아도 정리되어 있지 않으면 활용할 수 없다. 정리해 놓으면 그 틀에 국한되기 때문에 그냥 한 군데 모아 놓는다는 사람들도 있는데, 나는 일단 한꺼번에 보관했다가 나중에 정리하는 방식을 선호하는 편이다. 시간이 지난 후에 메모를 읽게 되면 적을 때와 다른 활용방법이 생각날 때가 많기 때문이다. 명확히 특정 주제에 속하는 메모라면 해당 주제별 파일에 바로 넣어둔다.

예외가 있다면 B5 리갈패드에 적는 '일상의 기록' - 나는 일기를 이렇게 부른다 - 인데, 이 경우는 1주에 두 번 정도 시간을 내서 에버노트의 문서저장 기능을 이용해 에버노트에 저장하고 원본은 따로 날짜순으로 모아둔다.

개인적인 메모와 업무 관련 메모를 별도로 관리하는 것도 나의 메모 특징 가운데 하나이다. 보안이 중요시되는 업무 특성으로 인해 자연스럽게 체화된 방식일 것이다. 나의 메모 활용방법 전반에 대해서는 다음 꼭지에서 다루고 있으니까 여기서는 업무를 할 때 사용해온 '특별한' 메모방식에 대해 잠깐 소개하려고 한다.

업무와 관련된 메모를 할 때 내가 주로 사용해온 것은 업무수첩(비망록)이다. 출근하면 업무수첩을 꺼내 전날 메모가 끝난 부분에 날짜부터 적은 후 그날 할 일을 적는다. 그런 다음에는 사무실과 회의실 등 어디든 늘 업무수첩을 끼고 다니면서 업무 관련사항을 모두 이곳에 적는다.*

각종 자료를 참고해서 보고서를 작성하는 것이 주업무가 되다 보니까 자료에 직접 메모를 하는 일도 많은데, 이렇게 메모를 해 둔 중요 자료는 파일철에 넣어 보관한다. (졸저인 《정리의 스킬》은 이러한 자료정리 경험이 기초가 되어 쓴 책이다.) 업무수첩과 자료 외에 작은 휴대용 수첩과 포스트잇 등도 업무에 활용했다.

나의 업무메모 방법

메모도구	메모방법
업무수첩	◑ 웬만한 업무관련 내용은 모두 업무수첩에 기록한다. ◑ 처리한 일은 X 표시를 하고, 중요한 사항 앞에는 동그라미를 두 개 그려놓는 방식 등으로 효율성을 높인다. ◑ 업무수첩에 모든 것을 적으면 연간 한권으로는 부족하기 때문에 세로로 반 접어서 사용하거나 속지를 추가한다.

* 《나는 손으로 기억했다》를 쓴 김운영씨도 공무원 업무수첩에 주로 업무와 관련된 내용을 기록했다고 말한다. 월간계획, 일일업무를 추진하며 관련내용을 기재하는 공간, 업무추진과 관련한 현황자료를 모아두는 공간, 개선해야 할 내용이 발견되면 기재하는 공간, 각종 통계자료를 정리하는 공간으로 구분하여 정리했다.(p.43~45)

자료	◑ 자료를 읽으면서 중요한 부분은 밑줄이나 형광펜으로 표시해 두고, 여백에 필요한 조치사항이나 보고서 아이디어 등을 적어놓는다. ◑ 윗부분에는 나중에 분류하기 편하게 주제어를 적어둔다. ◑ 메모를 적은 중요자료는 주제별로 분류해서 3단트레이와 파일서랍에 보관한다.
기타	◑ 휴대용 수첩이나 포스트잇, 메모지 같은 것을 사용할 때도 있는데 이런 경우에는 중요한 사항은 업무수첩에 적어두고, A4용지에 붙여서 파일철에 보관한다. ◑ 이와 함께 컴퓨터에도 폴더를 만들어 중요한 메모와 자료를 넣어둔다.

| 내가 사용하는 메모도구들 |

나는 메모를 할 때 아날로그와 디지털 방식을 병행해서 사용한다. 아날로그 메모 도구는 9.5cm x 9.5cm 메모지, A4용지, 포스트잇, B5 리갈패드, 디지털 메모 도구는 에버노트, 스마트폰 메모장 & 카메라, Dynalist, 블로그 정도다. 집과 사무실 책상에는 메모지를 항상 비치해 두고 있고 스마트폰도 늘 휴대하고 다니지만 간혹 메모도구가 없을 때도 있는데 이럴 때는 영수증, 화장지 등 손에 잡히는 것이라면 뭐든지 사용한다.

내가 사용하는 메모도구들

아날로그 도구	디지털 도구
9.5cm x 9.5cm 메모지	에버노트
A4용지	스마트폰 메모장 & 카메라
포스트잇	Dynalist
B5 리갈패드	블로그

메모를 할 때는 주로 아날로그 방식을 이용하고, 정리는 에버노트를 사용하고 있지만 디지털 기기를 이용해서 직접 메모를 하기도 한다. 스마트폰 메모앱을 이용해서 '할 일'을 관리한다든지 신문기사를 스마트폰으로 촬영해 놓는다든지 - 스마트폰으로 촬영한 이미지도 엄연한 메모다 - 하는 것 등이다.

나의 메모도구별 용도와 메모방식은 다음과 같다.

아날로그 도구

◀▶ 9.5cm x 9.5cm 메모지

아날로그 메모 도구 가운데 내가 가장 즐겨 사용하는 것은 가로,

세로 각 9.5cm 크기의 메모지이다. '약방의 감초'처럼 쓰이지 않는 데가 없다. 일상생활을 할 때, 책을 읽고 나서 정리할 때 등 웬만한 메모는 다 이것을 이용하고 있다. 나만의 단어장을 만들고 블로그 소재를 관리하는 데 이용하기도 한다. 메모를 하는 순간 메모지는 더이상 그냥 종이가 아니다. (이 메모지에 대해서는 뒤에 이어지는 3개 챕터에서 자세히 다룰 것이다.)

◀▶ A4 용지

A4 용지도 메모에 많이 사용하고 있다. 집과 사무실에서 이면지가 많이 발생하기 때문에 주로 이것을 사용한다. 재활용하는 종이라서 아껴쓰지 않아도 된다는 생각 때문인지 이면지를 앞에 놓고 있으면 생각이 자유로워진다. 그래서 A4 용지는 생각을 정리하는 도구로 주요 사용한다.

글을 쓰기에 앞서 어떤 내용을 넣을지, 전체적인 구도는 어떻게 짤지 미리 적어보기도 하고, 자료를 읽으면서 핵심단어들을 A4 용지에 적어놓기도 한다. 이렇게 적어놓은 핵심단어를 이리저리 나누고 합치다보면 좋은 아이디어가 떠오를 때가 많다.

◀▶ 포스트잇

포스트잇의 종류는 셀 수 없을 만큼 다양하지만 내가 주로 사용하는 것은 여섯 가지다. 거의 대부분 책을 읽을 때 메모하거나(나는 책에 직접 뭔가를 적거나 밑줄을 긋지 않는다) 참고할 부분에 표시를 해놓는 용도로 사용한다. 카테고리 제목을 적거나 다른 사람들에게 전달할 사항, 해야 할 일 등을 적을 때에도 사용하고 있다. (다음 페이지에서 포스트잇 종류별 사용 용도를 표로 정리)

◀▶ B5 리갈패드

13년 전 노트 한 권에 모든 것을 적기 시작한 것이 계기가 돼서 일기쓰기를 재개한 이후 지금까지도 계속 일기를 쓰고 있다. 컴퓨터에 쓰기도 하고, 수첩에 적기도 하고, A4 용지를 접어서 사용해보기도 하다가 지금은 B5 사이즈의 리갈패드로 정착했다.

리갈패드 – 서양의 법조계에서 많이 사용했기 때문에 이런 명칭이 붙었다 - 를 두 번 접으면 가로 6cm x 세로 9cm 정도의 면이 8개 생긴다. 여기에 적으면 제법 많은 양을 적을 수 있다. 접지 않고 사용할 때도 있지만 주로 접어서 사용한다. (일기에 대해서는 하고 싶은 이야기가 많아서 나중에 별도의 책을 쓸 계획이다.)

포스트잇 사용 용도

25x76mm 포스트잇		■ 책을 읽을 때 책의 위 또는 아래 여백에 붙여서 메모 ■ 할 일을 잊지 않도록 적어서 모니터·스마트폰 등에 부착
51x38mm 포스트잇		■ 책의 여백이 조금 넓을 때 25x76mm 포스트잇 대신 사용 ■ 잊지 말아야 할 사항을 적어서 PC 모니터 등에 붙여놓는 용도로도 사용
76x76mm 포스트잇		■ 책을 읽을 때 메모할 내용이 많을 경우 사용 ■ 다른 사람에게 메모를 남겨야 할 경우에도 활용
102x152mm 포스트잇 (줄 있는 것)		■ 책을 읽은 후 읽은 날짜, 주요 내용, 참고할 부분 등을 메모해서 앞표지 바로 뒤에 있는 면지에 부착
44x6mm 포스트잇 플래그		■ 책의 중요 부분에 포스트잇 플래그를 붙여서 표시 ■ 중요 내용에는 체크표시, 내 생각을 적은 메모가 있을 때는 M으로 표시
44x12mm 포스트잇 플래그		■ 파일철을 관리할 때 카테고리 이름을 적는 용도로 사용

디지털 도구

◀▶ 에버노트

에버노트는 '최강의 메모도구'라고 불린다. 지금은 다양한 메모 앱이 개발되어 있어서 이런 표현이 맞지 않을 지도 모르겠다. 나는 10여년 전부터 에버노트를 메모 관리에 사용하고 있다. 노션(Notion)을 사용해볼까 하고 관련서적을 읽고 써보기도 했지만 에버노트에 정이 들어서인지 바꾸지 못하고 계속 사용하고 있다.

에버노트는 메모할 때도 사용하지만 주로 메모한 것 - 일기 포함 - 을 보관 · 정리하는 용도로 사용한다. 무료로 이용하다가 여러 컴퓨터와 노트북에서 사용할 수 있고, 저장용량이 크고, 검색기능도 활용할 수 있는 '프리미엄' 유료서비스로 바꿨다. 한 달에 커피 한 잔 덜 마시면 된다는 생각이었는데 커피 양은 줄지 않은 듯하다.

웬만한 것은 다 에버노트에 저장하려고 하고 있지만 용량이 큰 자료와 사진 등은 에버노트에 옮겨 저장하지 않고 컴퓨터 · 노트북에 폴더를 만들어 따로 보관한다.

◀▶ 스마트폰 메모장 & 카메라

스마트폰은 거의 항상 지니고 다니기 때문에 메모를 하기에 더없이 좋은 도구다. 텍스트뿐 아니라 카메라와 녹음기능을 활용할 수 있는 건 스마트폰의 가장 큰 장점일 것이다. 나는 삼성 갤럭시폰을 쓰고 있어서 스마트폰에 메모를 할 때는 'Samsung Notes' 앱을 이용한다. 웬만한 것은 9.5cm x 9.5cm 메모지를 이용해서 메모하기 때문에 이동 중에 메모할 일이 있을 때나 '할 일' 같은 임시메모에 주로 사용한다. '할 일' 메모는 홈화면에 띄워놓고 수시로 적고 있다. ('홈화면에 추가' 기능을 활용하면 된다.)

신문이나 자료를 읽을 때는 스마트폰의 카메라로 촬영해 두었다가 에버노트에 옮겨서 보관한다. 일기를 에버노트에 저장할 때도 스마트폰을 이용한다. 스마트폰에 설치해 놓은 에버노트를 이용해서 촬영하면 이미지가 아니라 문서 형태로도 보관할 수 있다. 무척 편리한 기능이다.

스마트폰의 녹음 기능은 아직은 자주 이용하고 있지는 않은데 산책이나 산행을 할 때 생각나는 것을 기록하는 용도로 제격일 것 같다. 앞으로는 종종 이용하려고 생각하고 있다.

◀▶ Dynalist

최근에 사용하기 시작한 생산성 앱이다. 네이버킵에서 시작해서 구글킵과 워크플로위(WorkFlowy)를 거쳐 이 앱까지 왔다. 간단하면서도 편리해서 단기간 내에 나의 '최애' 메모도구로 자리잡았다.

트리식으로 적을 수 있으니까 눈에 확 들어오고 메모를 적어 저장해 두면 다른 기기에서도 볼 수 있어 편리하다. 인터넷에서 찾은 문서의 주소 등을 저장해 둘 때 유용하게 활용하고 있다.

◀▶ 블로그

블로그와 같은 SNS를 메모에 활용하는 사람들도 많다. (파트2의 챕터3 참고) 나는 그런 수준은 아니지만 우주, 러시아 문학과 같은 관심분야 글을 작성해서 꾸준히 블로그에 올리고 있다. 글을 쓰다 보니까 자연스럽게 공부가 되고, 자료 축적의 의미도 갖게 된다.

앞으로도 블로그를 지속적으로 운영할 계획이기 때문에 다른 메모도구들과 함께 나의 '기록하는 삶'에 소중한 동반자가 되어줄 것이다.

03

9와 2분의 1 메모가 뭐지?

삶의 기적은 작은 노트에서 시작된다.
- 헨리에트 앤 클라우저,
《종이 위의 기적, 쓰면 이루어진다》 저자

조 앤 롤링의 《해리포터》에서 해리포터는 마법학교 호그와트에 가기 위해 런던 킹스크로스 기차역의 9와 4분의 3 승강장에서 특급열차를 탄다. 해리포터에게 승강장은 마법의 세계로 들어가는 통로인 셈이다.

내게도 이러한 비밀 통로가 있다. 바로 9와 2분의 1 메모다. 이렇게 말하니까 엄청난 것이 숨겨져 있는 것처럼 보일지도 모르겠는데, 실은 9.5cm x 9.5cm 크기의 메모지에 메모하는 것을 혼자 이렇게 부르고 있다. 이 사이즈의 메모지를 부르는 통일된 명칭이 없어서 크기에 착안해 이런 이름으로 부르는 것이다. 9.5cm는 9와 2분이 1cm이니까.

막상 메모지에 이런 이름을 붙이고 나니까 메모를 할 때는 진짜 마법의 세계로 들어가는 느낌이 들곤 한다. 사실 '마법의 세계'로 들어간다고 해도 그리 과장된 말은 아니다. 9와 2분의 1 메모지를 사용하면서 엄청난 일들이 내게 벌어지고 있으니까 말이다. 그 엄청난 일이란 나를 하고 싶은 일들로 가득 차게 하고 하루하루를 가슴 뛰게 만드는 것이다. 9와 2분의 1 메모지는 손만 뻗으면 닿는 곳에서 항상 나와 함께 하고 있다.

| 내 메모생활의 중심 |

나는 아직 컴퓨터가 일반화하지 않은 90년대초에 직장생활을 시작했다. 사무실의 주요 업무는 각종 자료를 축적해서 보고서를 작성하는 일이었는데, 여러 사람이 공유할 필요가 있는 자료는 인덱스카드에 내용을 적거나 스크랩해서 사무실 한 쪽 벽면 전체를 차지하고 있는 카드박스에 가나다 · 알파벳 순으로 보관했다. (인덱스카드 시스템은 내가 입사한 후 얼마 지나지 않아 사용이 중단되었기 때문에 나는 인덱스카드를 사용할 기회가 거의 없었다.)

지금 생각해보면 9와 2분의 1 메모는 낱장의 종이에 필요한 자료를 적어 관리한다는 점에서 인덱스카드와 비슷하다. 하지만 인덱스카드가 '공용' 관리시스템인 데 비해 9와 2분의 1 메모는 개인적인 관리시스템이다. 또한 시대 변화에 맞게 컴퓨터와 연계해서 관리하는 것도 큰 차이점이다. (9와 2분의 1 메모의 특징에 대해서는 다음 챕터에서 자세히 다룰 것이다.)

내가 보관하고 있는 9와 2분의 1 메모지 가운데 가장 오래된 것이 2013년인 것을 보면 이때부터 이 메모지를 사용하기 시작한 것 같다. 이 시기는 노트 한 권에 모든 것을 적는 것을 계기로 메모에 대한 관심이 부쩍 늘어난 때였다. 처음에는 다른 메모지와 병행해서 사용하다가 2015년부터는 이 메모지를 주도구로 사용하게 된다. 그러니까 나의 9와 2분의 1 메모와의 인연은 8년여의 역사를 갖고 있는 셈이다.

왜 9와 2분의 1 메모지를 주로 사용하게 된 걸까? 다양한 종이에 메모를 하다 보니까 똑같은 크기의 메모지를 사용해야 관리하기 쉽겠다고 생각하게 되고, 그래서 여러 가지로 편리한 점이 많은 9와 2분의 1 메모지를 최종적으로 '선택'하게 된 것 같다.

8년여의 기간 동안 9와 2분의 1 메모지를 사용하다 보니 어떻게 하면 더 효과적으로 메모를 하고 관리할 수 있을지 고민하게 되고, 그러다 보니까 자연스럽게 나만의 메모 방식으로 이어지게 되었다. 하지만 현재의 메모 방식이 절대적인 것은 아니다. 지금도 9와 2분의 1 메모지를 활용하기 위한 새로운 방법을 계속 시도해 보고 있으니까 어쩌면 그리 멀지 않은 시기에 이 책의 개정판을 내야 할 지도 모르겠다.

| 9와 2분의 1 메모지 & 메모함 |

앞에서도 언급했듯 9와 2분의 1 메모지에는 통일된 이름이 없다. 양지사에서는 각메모, 모닝글로리에서는 메모속지, 카파맥스에서는 메모홀더용지라는 이름을 사용한다.

메모함도 메모지와 마찬가지로 제조사마다 이름이 다르다. 양지사는 각메모뱅크, 모닝글로리는 마이비즈 메모함(메모케이스), 카파맥스는 메모홀더, 코믹스는 메모지함이라고 부른다. (이 책이 부디 9와 2분의 1 메모지가 통일된 이름을 갖는 계기가 되기를~)

주요 제조사별 메모지·메모함 호칭

제조사	메모지	메모함
양지사	각메모	각메모뱅크
모닝글로리	메모속지	마이비즈 메모함 / 메모케이스
카파맥스	메모홀더용지	메모홀더
코믹스	-	메모지함

메모함과 메모지가 세트로 된 제품이 판매되고 있으니까 처음에는 이러한 제품을 구입해 사용하고 메모지가 추가로 필요할 때는 리필제품('메모리필')을 사서 쓰면 경제적이다. 리필제품은 양지사에서는 550매, 모닝글로리에서는 300매 묶음 단위로 판매하고 있다.

메모지의 사이즈는 똑같지만 종이의 두께는 제조사마다 차이가 있다. 보통 일반적인 복사용지 정도의 용지를 사용하지만, 이보다 더 두껍거나 얇은 용지를 사용하기도 한다. 종이 재질도 제조사마다 다르다. 내 경험에 비추어볼 때 메모지의 재질은 어떤 것이든 괜찮지만 두께는 일정한 것을 사용하는 것이 좋은 것 같다.

9와 2분의 1 메모지에 딱 맞는 메모함도 다양한 제품이 판매되고 있다. 필기구를 꽂을 수 있도록 디자인된 제품 등 형태와 기능이 다양하고, 재질도 원목, 가죽, 아크릴 등 여러 가지다. 수제품으로 생산되는 제품들도 있다.

다양한 종류의 메모함

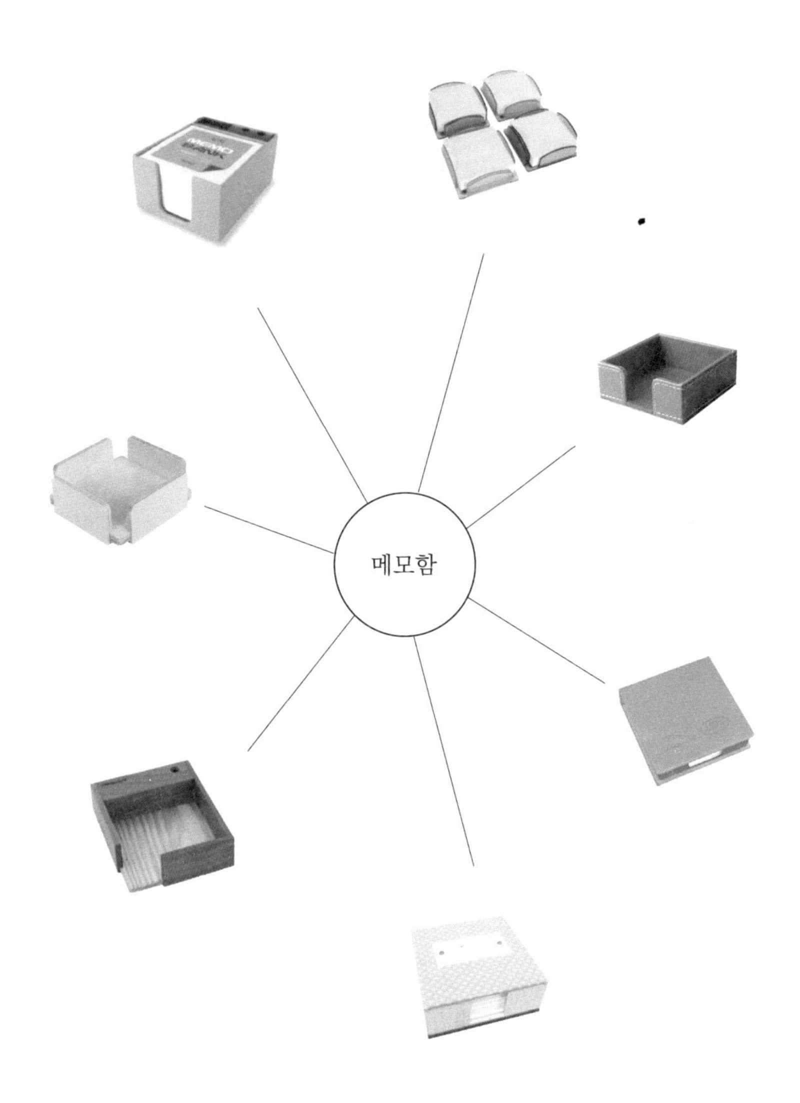

04
왜 하필이면 9와 2분의 1 메모일까?

메모에는 일상에 의미를 부여하고
삶에 변화를 일으키는
경이로운 힘이 숨겨져 있다.
- 신정철, 《메모 습관의 힘》 저자

메모지의 종류는 이루 다 헤아릴 수 없을 정도로 많다. 크기가 다양한 것은 말할 것도 없고, 포스트잇처럼 여러 번 떼었다 붙였다 할 수 있는 것, 수첩처럼 묶어서 사용하는 것 등 기능도 여러 가지다. 이렇게 수많은 메모지 중에서 어떤 것을 사용할지는 각자에게 달린 문제다. 내 마음에 드는 것, 내가 쓰기 편한 것이면 된다.

내가 9와 2분의 1 메모지를 주로 사용하는 것도 이러한 이유 때문이다. 쓰기 편하기 때문인 것이다. 여러 가지 메모지를 사용해보니 9와 2분의 1 메모지가 가장 편리해서 이것을 주력 메모지로 사용하고 있다.

9와 2분의 1 메모지는 스프링 같은 것으로 제본을 한다든지, 떡메모지처럼 한 장씩 떼어 쓸 수 있도록 한 쪽에 접착제를 붙인다든지 하는 가공을 일절 하지 않고 9.5cm x 9.5cm 크기로 자르기만 한 것인데, 이렇게 단순한 종이지만 의외로 편리한 점이 많다.

| 메모할 때 편리 |

9와 2분의 1 메모지가 편리한 점 중 하나는 문구점에서 쉽게 구입할 수 있고, 다른 메모지에 비해 가격이 저렴한 편이라는 것이다. 메모지를 넣을 수 있는 메모함도 원목 같은 고급스런 재질이 아니라면 비싸지 않다. 그래서 집과 사무실 여기저기에 메모지가 담긴 메모함을 비치해 두고 아끼지 않고 사용하고 있다.

구입해 둔 메모지가 떨어졌을 때는 A4 복사용지를 크기에 맞게 잘라서 사용해도 되니까 메모지가 없어서 사용하지 못할 일도 없다. 메모한 것을 정리 · 보관할 때는 주제별로 나눠서 하고 있는데(정리 · 보관 · 분류에 대해서는 다음 챕터에서 자세히 다룰 것이다), 색지를 9.5cm x 9.5cm 크기로 잘라서 끼워두면 각 주제를 쉽게 구분할 수도 있다.

9와 2분의 1 메모지는 가로 9.5cm x 세로 9.5cm의 정사각형이다. 모양이 너무 밋밋해서 언뜻 보면 투박한 느낌이 들기도 한다. 하지만 사용하다 보면 그런 느낌은 없다. 오히려 수수하기 때문에 오랜 친구처럼 느껴진다. 간단한 메모 용도로 사용하기에는 약간 크다 싶지만, 읽다가 중요한 부분을 기록해 두거나 생각나는 것들을 적기에 딱 적당하다.

메모지는 가급적 앞면만 사용하는 것이 나중에 뒷면을 들춰봐야 하는 수고를 덜 수 있으니까 편리하다. 앞면만으로 공간이 부족할 경우에는 뒷면까지 이용하면 웬만한 내용을 한 장에 다 적을 수 있다. 그래도 메모 공간이 부족하면 다른 메모지에 이어서 적은 다음 떨어지지 않도록 스테이플러나 풀 같은 것을 이용해서 붙여두면 된다.

공간이 넓어야 자유롭게 생각이 가능하다며 노트 같은 큰 사이즈의 종이를 사용하는 사람도 있다. 《노트의 기술》 저자인 이상혁씨는 A4 용지의 두 배 크기인 A3 종이를 사용한다.[42] 일리 있는 행동이다. 종이 크기가 작으면 여기에 맞춰 사고의 폭이 좁아진다. 머릿속에서도 딱 종이크기 만큼만 생각하라고 한다.

하지만 메모를 하다보면 큰 노트를 사용할 만큼 많을 내용을 적어야 하는 경우보다는 간단하게 적는 경우가 대부분이다. 그래서 나는 평소에는 9와 2분의 1 메모지를 이용하고, 집중적으로 생각을 정리헤야 할 사안이 있거나 글에 넣을 내용을 적어보거나 할 때 A4 용지를 사용하고 있다.

9와 2분의 1 메모지를 사용할 때는 메모함에 든 것을 한 장씩 꺼내 사용하게 되는데, 메모를 하다보면 수북하게 쌓여있던 메모지가 어느 사이엔가 새로 채워 넣어야 할 만큼 확 줄어든 것을 발견하고는 한다. 좋은 책이라도 읽게 되는 날에는 수십 장, 어떤 때는 100여 장도 사용하니까 메모지가 금방 줄어든다. 이렇게 메모지가 줄어드는 것을 보는 것은 작은 성취감을 가져다준다. 메모를 더 열심히 해야겠다는 의욕도 생긴다.

메모를 한 뒤 메모지가 쌓여가는 것을 볼 때도 마찬가지다. 나는 9와 2분의 1 메모지에 메모를 한 다음에는 책상 위 메모박스에 세워서 보관하는데, 책상 앞에 앉을 때마다 메모박스의 메모가 늘어나는 것을 보게 되니까 뿌듯함을 느끼게 된다. 뭐든 할 수 있겠다는 자신감도 덩달아 충만해진다.

9와 2분의 1 메모지는 포스트잇처럼 사용할 수도 있다. 9와 2분의 1 메모지 뒤쪽에 재접착 양면테이프를 붙이면 포스트잇을 대체하는 용도로 사용할 수 있는 것이다. 메모지를 벽에 붙여놓고 이렇게 저렇게 분류해 보는 과정을 통해 아이디어를 얻을 수도 있다.

9와 2분의 1 메모는 종이 위에 손으로 메모하는 방식이다. 손은 제2의 두뇌라는 말도 있다. 그래서일까 손으로 적은 것은 기억에 오래 남는다. 손으로 적으면 두뇌 회전에 좋다고도 한다. 내가 9와 2분의 1 메모지를 본격적으로 사용한 기간이 8년 정도 되었으니까 이 기간 동안 나의 뇌기능도 향상되지 않았을까?

| 손쉬운 보관·활용 |

9와 2분의 1 메모지를 사용하면 보관하는 데 많은 공간이 필요하지 않아서 편리하다. 9와 2분의 1 메모지는 가로, 세로 9.5cm다. 박스에 세워서 보관한다면 박스 폭이 10cm, 높이는 9.5cm보다 낮기만 하면 된다. (박스 높이가 9.5cm보다 크면 안으로 메모지가 쏙 들어가기 때문에 꺼내기 힘들다.)

나는 문구점 같은 곳에서 9와 2분의 1 메모지를 보관할 수 있는 박스를 구입해 사용해 오다가 2~3년 전 다이소에서 딱 맞는 사이즈의 예쁜 정리함을 발견한 이후부터는 이것을 보관함으로 사용하고 있다. 폭 약 10cm, 높이 약 6cm, 길이 약 14cm이다. 평량(가로 1m x 세로 1m인 종이의 무게) 80g 용지를 메모지로 많이 사용한다고 하면 500장의 두께가 약 4.5cm 정도 되기 때문에 정리함 한 개면 1,500장 정도를 보관할 수 있다. 보관해야 할 메모가 1만장이리고 가정한다면 7개면 충분하다. 책장 한 칸에 충분히 들어갈 수 있는 갯수다.

내가 사용해온 여러 가지 메모박스들

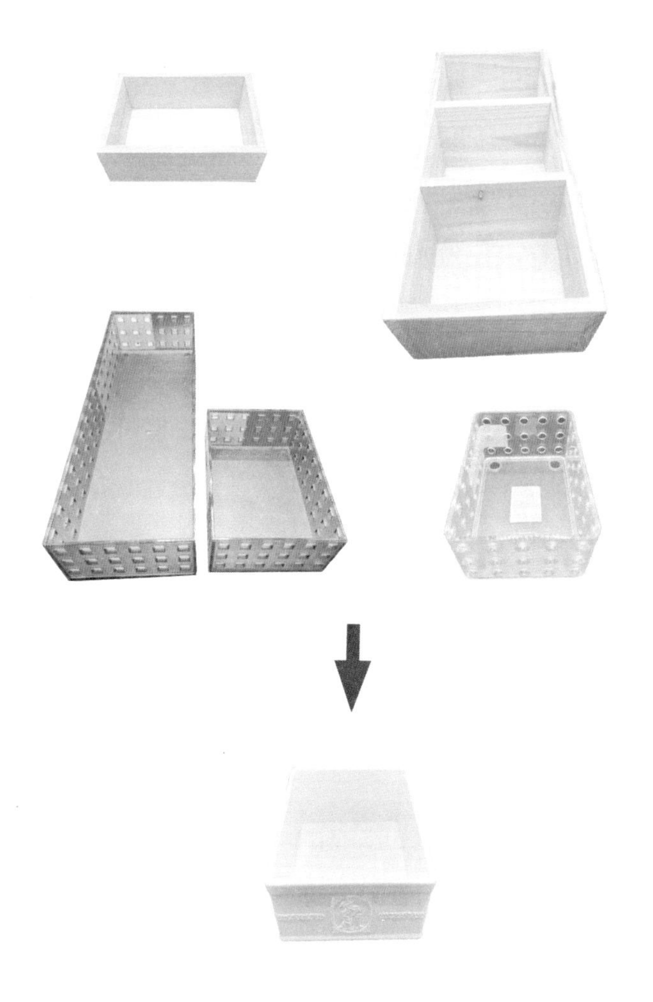

다양한 메모박스를 사용하다가 지금은 맨 아래 있는 다이소 정리함을 사용하고 있다. 얼마전 다이소에 갔더니 눈에 띄지 않았다. 아직 구입해 놓은 것이 남아 있기는 하지만 은근히 걱정되었다.

9와 2분의 1 메모지를 주로 사용하지만 경우에 따라서는 포스트잇에 메모를 할 때도 있다. 다른 사람이 포스트잇에 메모를 적어 건네주기도 한다. 이럴 때는 9와 2분의 1 메모지에 포스트잇을 붙여둔다. 웬만한 포스트잇은 9와 2분의 1 메모지에 쏙 들어가는 크기니까 그냥 붙이기만 하면 되고, 포스트잇이 더 크면 가장자리를 약간 잘라내서 붙인다. 이렇게 해 놓으면 크기가 통일돼서 관리하기 편하다.

9와 2분의 1 메모지가 진가를 발휘하는 것은 '활용'이다. 메모해 놓은 것들이 책상 위나 책장 같은 가까운 데 있으니까 눈길이 가고 자주 들춰보게 된다. 그러다보면 아이디어가 떠오른다. 독일 사회학자 숀케 아렌스는 '뇌는 집중할 때보다 훑어볼 때 오히려 자세한 부분을 알아차릴 공산이 더 크다'[43]고 했는데 비슷한 맥락이다. 생각난 것을 적으면 그 자체가 새로운 메모다. 이런 식으로 메모를 계속 확장시킬 수 있다.

주제별로 분류해 놓은 메모라도 실제 활용할 때는 소 주제로 세분화해서 사용하게 된다. 이럴 때 해당 주제의 메모를 통째로 꺼내서 이런저런 방식으로 나누고 합치고 하다보면 자연스럽게 소 주제 항목이 만들어진다. 머릿속에서 생각할 때는 어떻게 소 주제를 설정할지 막막했던 것도 이런 방식으로 하면 쉽게 해결책이 떠오르고는 한다.

이밖에도 9와 2분의 1 메모는 또 하나의 장점을 갖고 있다. 그것은 '재미'다. 메모지를 꺼내 책상 위에 늘어놓고 분류하다보면 카드놀이를 하는 것 같은 느낌이 든다. 메모지를 카드처럼 한 장씩 나누고 합치는 것은 재미있는 작업이다. 9와 2분의 1 메모지를 활용하면 '도랑 치고 가재 잡는' 효과를 거둘 수 있다.

05
9와 2분의 1 메모법

당신에게 단 하나의 조언을 주자면,
모든 걸 기록하라고 하겠다.
기록의 힘은 강력하다.
그리고 무엇보다 어렵지 않다.
- 팀 페리스, 《타이탄의 도구들》 저자

9와 2분의 1 메모지를 8년여 사용하다보니 나름대로 나만의 방식, 나만의 원칙이라고 할만한 것들이 생겼다. 내가 개발해서 사용하고 있는 방법도 있고, 메모에 관한 책에서 읽은 것을 원용해서 쓰고 있는 것도 있다.

이번 챕터에서는 메모하기, 메모 관리, 메모 활용 등 세 가지로 나눠 나의 9와 2분의 1 메모 사용법을 소개한다. 이 책을 읽는 독자분들은 소개된 방식을 그대로 따라 해도 되겠지만 이러한 방법이 있다는 것을 참고하고 이것을 기초로 자신의 편한 방식을 만들어보면 좋을 것이다.

| 메모하기 |

나는 필요할 때마다 바로바로 메모할 수 있도록 9와 2분의 1 메모지를 집과 사무실 여기저기에 놓아두고 있다. 메모를 하려고 하는데 바로 옆에 메모도구가 없으면 가지러 가기 귀찮아서 미루게 되고, 그러다 보면 잊어버리기 쉽다. 생각났을 때 바로 메모를 하려면 메모도구가 가까운 데 있어야 한다.

처음에는 집에서 메모지를 책상 위에만 놓아두었는데, 그러다보니까 메모할 타이밍을 놓치는 경우가 많이 있었다. 그래서 메모지를 책상, 침대 옆, 식탁, 거실탁자 등 여러 군데 놓아두었다. 그랬더니 확실히 효과가 있었다.

메모를 하려면 메모지 말고도 볼펜이 필수다. 틀림없이 볼펜을 메모지와 함께 놓아두었는데도 얼마 지나면 사라져 버리고는 했다. 그래서 아예 볼펜 - 나는 파란색 제트스트림 1.0mm를 주로 사용한다 - 을 몇 다스 구입해서 여기저기 놔두었다. 그랬더니 볼펜이 없어서 메모를 못하는 일이 점차 줄어들었고, 어느 순간부터는 과잉상태가 되었다.

메모지는 문구점에서 똑같은 규격이면 아무 것이든 사다가 사용했는데, 종이 두께가 제조사마다 조금씩 다르다보니까 메모지를 집을 때 한 장인지 두 장인지 헷갈리고, 어떤 때는 메모해 놓은 것을 분류하다가 두 장을 한꺼번에 넘기는 일도 종종 있었다. 이런 불편을 해소하기 위해 지금은 가급적 한 가지 제품을 사용한다.

메모지에는 메모하려는 내용을 가운데에 적고, 오른쪽 위에는 주제(분류항목), 아래에는 괄호 안에 출처와 날짜를 적는다. 분류항목은 메모지를 분류할 때 한꺼번에 적기도 하지만, 나중에 헷갈릴 수 있는 항목 같은 건 그때그때 적어둔다. 날짜를 적을 때는 연도도 꼭 함께 적는다. 연도 정도는 기억할 수 있을 것 같아도 적어두지 않으면 잊어버린다.

메모지의 구획별 용도

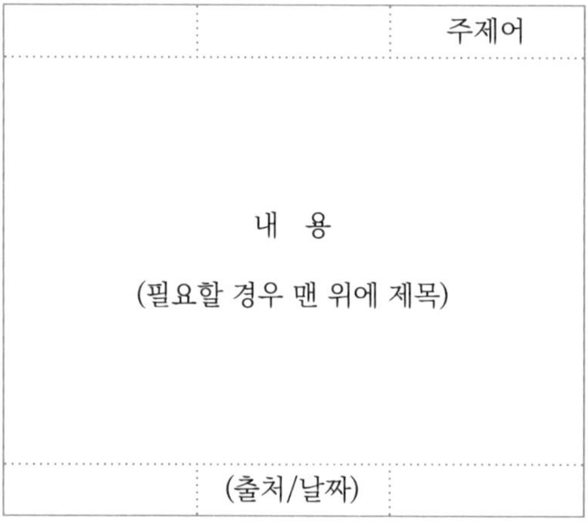

		주제어
	내 용 (필요할 경우 맨 위에 제목)	
	(출처/날짜)	

메모는 한 장에 한 건씩 적는다. 그래야 분류하기 편하다. 그렇지 않고 여러 가지 내용이 섞여있으면 분류할 때 똑같은 내용을 또 한 번 다른 메모지에 적어야 할 것이다. 메모지에 적은 내용이 많은 경우에는 중요한 부분을 한눈에 알 수 있도록 밑줄을 긋거나 동그라미로 표시해두기도 한다.

메모지는 가급적 앞면만 사용하는데, 적을 내용이 많을 때는 뒷면도 사용하게 된다. 이럴 때는 앞장을 위쪽으로 넘겨서 뒷면 내용을 읽을 수 있도록 위아래를 거꾸로 적고, 뒷면에도 메모가 있다는 것을 알 수 있도록 화살표 등으로 표시해둔다. 여러 장을 메모하게 될 경우에는 흩어지지 않도록 스테이플러를 찍는다.

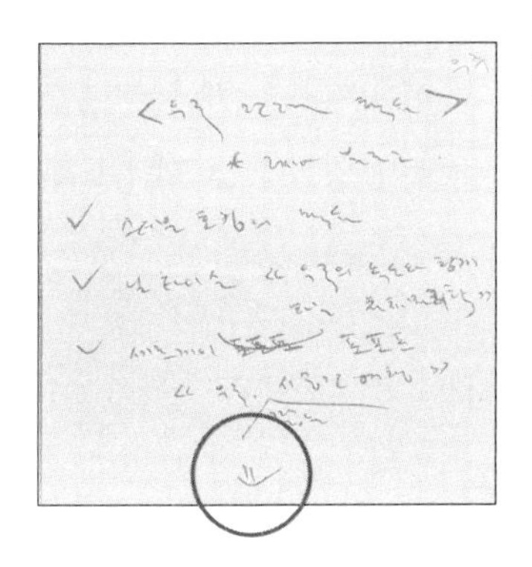

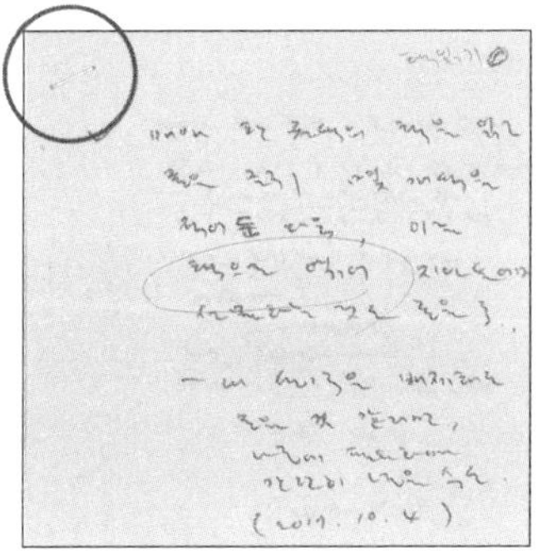

(왼쪽) 뒷면에도 메모가 있다는 것을 화살표로 표시했다.
(오른쪽) 스테이플러를 찍어 흩어지지 않게 했다.

메모를 할 때는 급한 경우가 아니라면 가급적 완성형 문장으로 적는다. 그래야 나중에 메모 내용을 확실하게 알 수 있고, 글 쓰는 훈련도 되고, 생각을 글로 표현하는 방법도 익히게 된다. 물론 굳이 문장으로 만들 필요가 없는 경우라면 간단히 단어 몇 개만 적어두기도 한다.

그러면 9와 2분의 1 메모지에는 어떤 것을 메모하면 좋을까? 파트2의 챕터2에서 '무엇이든 많이 메모하는 것이 좋다'고 했는데, 9와 2분의 1 메모도 마찬가지다. 당장 필요하거나, 나중에 참고가 될만한 것이라면 무엇이든 메모해 두면 된다.

나는 평소에 관심 있는 주제나 책에서 참고할 만한 부분, 내 생각과 아이디어 등을 주로 적고 있다. 전에는 신문이나 잡지 같은 것을 읽을 때 제목을 메모해 두었다가 나중에 필요할 때 인터넷으로 찾아서 출력했지만 지금은 스마트폰으로 촬영한 다음 에버노트에 옮기는 방식으로 바꿨다. 해야 할 일, 구입할 책 목록 같은 것도 지금은 스마트폰 메모앱을 이용한다.

| 메모 관리 |

메모가 아무리 많이 있어도 관리되지 않고 쌓여 있다면 필요할 때 찾아 쓰기 힘들다. 메모를 하는 것 못지 않게 중요한 것이 메모 관리다.

9와 2분의 1 메모지는 다른 자료와 함께 파일철에 넣어서 파일서랍에 보관해도 되겠지만, 그렇게 하면 9와 2분의 1 메모지의 크기가 작기 때문에 날짜순으로 정리한다든지 할 때 크기가 들쭉날쭉이어서 관리하기 힘들다. 그래서 A4 용지에 붙여서 통일된 규격을 갖도록 하는 것이 좋다.

파일서랍에 메모지를 보관할 때 9와 2분의 1 메모지를 클립같은 것을 이용해 한 데 묶는 방법도 가능할 것이다. 그런 경우라면 하나의 파일철 안에 두 개의 시스템이 존재하게 된다. 이렇게 되면 9와 2분의 1 메모지가 놓여있는 부분만 두툼해지는 불편도 따른다.

나는 이런 불편함을 해소하고 9와 2분의 1 메모지의 장점을 살려 효율적으로 관리할 수 있도록 별도의 메모박스에 넣어 보관한다. 조그만 박스 하나에 수많은 메모를 보관할 수 있어서 공간을 별로 차지하지 않고, 책상 위와 같은 가까운 곳에 놓아둘 수 있으니까 수시로 들여다볼 수도 있다.

메모지를 메모박스에 보관할 때는 메모가 많지 않은 경우라면 한데 모아서 보관해도 되겠지만 어느 정도 양 이상이 되면 주제별로 구분해서 보관해야 한다. 메모박스에 눕혀서 쌓아두면 필요한 메모를 찾을 때마다 전부 꺼내서 들춰봐야 하니까 세워서 보관한다. 각 주제의 맨 앞에는 포스트잇 플래그를 붙이고 여기에 제목을 적어 한눈에 알아볼 수 있도록 한다. .

각 주제 안의 메모들은 최근에 메모를 했거나 꺼내본 메모가 앞쪽에 위치하도록 밀어내기 파일링 방식으로 관리하면 자연스럽게 중요하거나 최근 메모가 앞쪽에 오게 되니까 편리하다.

주제 분류는 파일서랍과 에버노트 등 다른 메모저장 공간과 똑같은 분류시스템으로 통일시킨다. 어떤 자료가 필요할 때는 똑같은 주제어를 갖고 저장 공간에서 찾으면 되니까 편리하고, 빠뜨릴 염려도 없다. 주제분류는 계층 시스템을 이용하는 게 편하지만, 너무 세부적으로 분류하는 것보다는 3단계 정도가 좋다.

메모박스에 보관하고 있는 메모를 글쓰기 같은 데 활용한 다음에는 어떻게 하는 게 좋을까? 나는 한번 활용한 메모는 가급적 다시 사용하지 않으려고 하고 있다. 이 세상에는 유용한 정보가 엄청나게 많다. 새로운 정보 습득 노력을 게을리하지 않는다는 차원에서도 한번 활용한 것은 다시 사용하지 않는다는 원칙을 갖고 있다. (물론 중요한 정보는 예외다.) 세상에는 매일같이 엄청나게 많은 새로운 정보가 쏟아진다. 과거에 쌓아놓은 자료에 파묻혀 새로운 정보를 받아들이는 노력을 소홀히 하는 건 나 자신은 물론이고 메모를 통해 만든 결과물을 접하게 될 다른 사람들에게도 무책임한 행동이다.

나는 활용한 메모는 파일철 - 메모를 활용할 때는 보통 다른 자료들과 함께 파일철에 넣어서 사용한다 - 과 함께 통째로 보관하고 있다. 활용하고 난 메모는 다시 활용할 일은 거의 없다. 하지만 나중에 내용 확인을 위해 필요할 수 있을 것 같아 일단은 큰 박스에 넣어 보관해 둔다. 그동안 두 권의 책을 쓰고 난 다음에도 이런 방식으로 활용한 메모를 보관해 두었다. 책 한 권을 낼 때 박스 한 개 분량의 자료를 활용했으니까 박스 두 개를 보관하고 있는 것이다.

활용한 메모라도 '아주 중요한' 것은 다시 메모박스에 넣어두기도 하는데, 이런 때는 메모지 여백이나 뒷면에 활용한 내역을 간단히 적어둔다. 그러면 나중에 헷갈릴 염려가 없다.

글을 쓸 때 참고할 요량으로 꺼내놓았지만 최종적으로 활용하지 않는 유용한 메모도 있다. 다소 번거로운 작업이기는 하지만 그런 자료는 다시 추려내서 메모박스에 '원위치' 시켜둔다. 약간의 수고만 하면 다시 활용 가능한 상태로 회복시킬 수 있는데 그대로 놔두는 것은 너무 아까운 일이다.

| 메모 활용 |

나는 9와 2분의 1 메모를 해야 할 일, 구입할 물품, 대화를 나눌 소재, 산행 · 산책 소요시간, 교통편, 만난 사람과의 대화 등 일회적이고 간단한 용도로 사용하기도 하지만 대부분은 메모한 것을 모아두었다가 나중에 활용한다. 이 때 메모지에 적는 내용은 관심 있는 주제의 글, 신문 · 잡지 등 읽은 자료에서 참고할 만한 부분, 듣거나 본 이야기, 단편적인 생각, 아이디어 등 다양하다.

메모 하나하나는 적을 때는 아무 것도 아닌 것처럼 보이지만 모아놓으면 엄청난 데이터베이스가 된다.

내가 메모를 가장 많이 활용하는 것은 책을 읽을 때다. 책을 읽고 나서 정리해두지 않으면 얼마 지나지 않아 내용이 생각나지 않는다. 반대로 메모해두면 시일이 한참 지나도 메모한 내용을 훑어보는 것만으로도 책 내용이 기억난다. '기억 창고' 라고 할 수 있는 것이다.

나는 책을 읽을 때 책에 직접 표시를 하지 않는다. 프랑스의 비평가 롤랑 바르트는 책 읽는 사람을 밑줄 긋는 사람과 긋지 않는 사람의 두 부류로 나누었다고 하는데, 나는 후자에 포함되는 셈이다. 내가 왜 이런 습관을 갖게 되었는지는 확실치 않은데, 책에 표시를 해놓으면 다른 사람이 그 책을 읽을 때 선입견을 갖게 된다는 생각 때문에 그런 습관을 갖게 되었을 거라고 막연히 추정하고 있다. 나는 막내였기 때문에 어렸을 때 책을 직접 구입하기보다는 형과 누나들이 읽은 책으로 독서를 시작했다. 그러다보니까 책은 '공유하는 것'이라는 어렸을 적 생각도 지금까지 깊이 자리잡고 있는 것 같다.

책에 밑줄을 긋거나 직접 메모하는 대신에 나만의 방식을 사용하고 있다. 바로 9.5cm x 9.5cm 메모지를 이용하는 것이다.

먼저 책을 읽으면서 참고할만한 부분에 포스트잇 플래그로 표시를 한다. 중요한 부분에는 체크 표시도 해둔다. 단순히 표시만 해놓지 않고 내 생각도 적을 경우에는 포스트잇 노트에 써서 책의 위아래 여백에 붙인 다음 포스트잇 플래그에는 M - Memo의 약자로 관련 메모가 있다는 표시다 - 이라고 적는다. 포스트잇을 여백에 붙이는 이유는 그렇지 않으면 포스트잇에 글자가 가려서 보이지 않기 때문이다. 보통은 51x38mm 포스트잇을 사용하지만, 여백이 좁을 때는 25x76mm를 사용하고, 메모할 내용이 많을 경우에는 76x76mm를 사용하기도 한다. (파트3 챕터2 참고)

이런 방식으로 책을 다 읽고 나면 줄이 쳐진 102x152mm 포스트잇 노트에 제목, 읽은 날짜, 내 느낌, 중요 문구 등을 간단히 적어서 책 앞표지 다음에 있는 면지에 붙여둔다.

그러고 나면 이제 9와 2분의 1 메모지를 사용할 차례다. 포스트잇 플래그로 표시해둔 부분, 내 생각을 메모한 것, 면지에 붙인 포스트잇 내용을 메모지에 옮겨 적는다. 적을 게 많으면 컴퓨터나 노트북에 타이핑을 해서 출력한 후 9와 2분의 1 메모지 크기로 자른다(오른쪽 페이지 참고). 그런 다음에는 메모지를 메모박스에 한데 모아두거나, 바로 분류해서 해당 카테고리에 넣는다. 이렇게 모아진 메모는 다른 자료들과 함께 나만의 데이터베이스가 된다.

정리해 놓은 자료는 주로 글을 쓰는 데 활용하고 있다. 메모가 뒷받침돼서 두 권의 책을 쓸 수 있었고, 앞으로도 메모는 지속적인 책쓰기를 위한 든든한 후원자가 되어줄 것이다.

내가 메모해 놓은 것을 책쓰기에 활용하는 방법은 다음과 같다.

책을 쓸 때는 메모박스에서 책 주제에 해당하는 메모를 우선적으로 꺼내 활용하지만 관련 있는 다른 주제의 메모도 쭉 넘겨가면서 참고가 될만한 것을 추려낸다. 그런 다음에는 꺼낸 메모를 파일철의 다른 자료 등과 함께 읽어본다. 책을 쓰기에 앞서 미리 목차를 짜놓게 되는데, 메모를 읽다보면 목차를 조정하게 되는 일도 많다.

9와 2분의 1 메모지에는 얼마만큼 적을 수 있을까?

※ 책에 네모로 표시한 부분이 메모지에 옮긴 부분이다.

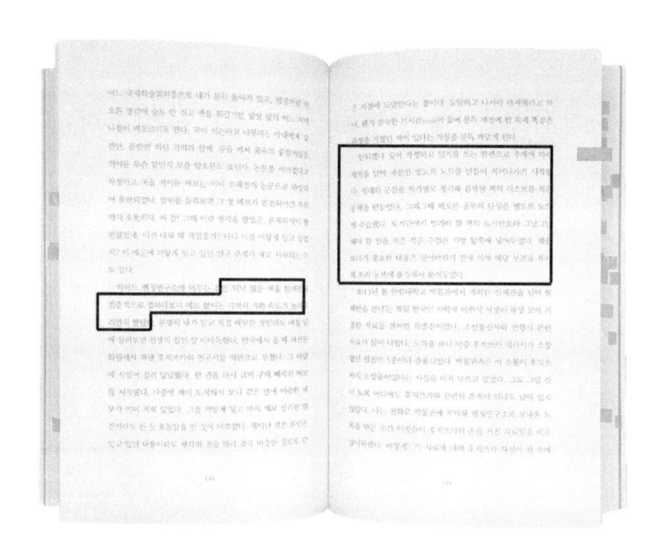

워낙 많은 책을 한꺼번에 집중적으로 접하다보니 메모 없이는 기억의 기화 속도가 놀라우리만치 빨랐다... 안되겠다 싶어 작정하고 일기를 쓰는 한편으로 주제에 따라 제목을 달아 세분한 별도의 노트를 만들어 적어나가기 시작했다. 청대의 문집을 작가별로 정리해 검색한 책의 리스트를 적은 공책을 만들었다. 그때그때 떠오른 공부의 단상은 별도의 노트에 수습했다. 도서관에서 빌려야 할 책의 도서번호와 그날그날 해야 할 일을 적은 작은 수첩은 가방 앞쪽에 넣어두었다. 책을 보다가 중요한 내용은 잊어버리기 전에 아예 해당부분을 복사해 오려 공책에 풀칠해서 붙여두었다.

(책벌레와 메모광, 정민, 132-133쪽)

그러고 나서 목차에 맞게 파일철을 만들어 자료를 분류해서 넣는다. 그러면 이제는 목차 순서대로 해당 파일철을 꺼내 집필작업을 하기만 하면 된다. 집필 과정에서 추가로 입수되는 자료는 해당 파일철에 넣는다. 집필을 하다보면 목차의 다른 부분으로 자료를 옮겨야 할 경우도 생기는데, 그럴 때는 과감하게 옮긴다. 퇴고작업이 끝날 때까지도 활용하지 못한 중요한 메모는 꺼내서 다시 메모박스에 분류해 넣는다.

최근 메모를 활용하는 새로운 용도가 두 가지 추가되었다. 이를 위해 각각의 메모박스를 만들어서 관련 메모를 모아두고 있다.

한 가지 용도는 9와 2분의 1 메모지를 활용해 블로그 글 소재를 관리하는 것이다. 블로그 글을 쓸 때 소재를 고민할 필요 없이 꺼내서 쓰기만 하면 되니까 편리하다.

다른 하나는 '나만의 사전'을 만드는 데 활용하는 것이다. '노어 용법 사전'이라고도 할 수 있는데, 찾은 단어가 포함된 문장도 뒷면에 함께 적어두고 있다. 이 가운데는 사전에 실리지 않은 신조어들도 있다. 활용을 위한 용례까지 있으니까 세상에 둘도 없는 나만의 사전인 셈이다.

이처럼 앞으로도 나의 9와 2분의 1 메모 활용방법은 계속해서 개발되고 용도도 늘어날 것이다.

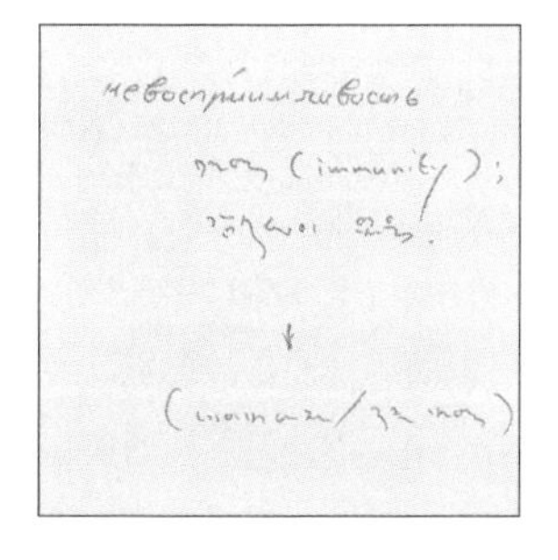

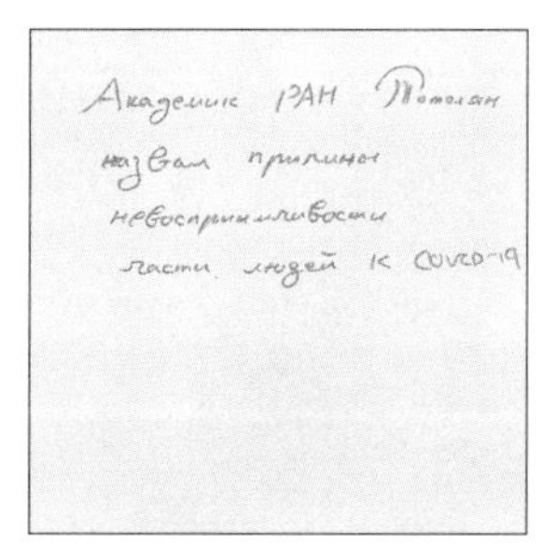

(상) 찾아본 노어 단어를 메모지에 적어서 메모박스에 알파벳 순서로 꽂아두었다.
(하) 메모지 앞면에 단어와 뜻을 적고 뒷면에는 용례를 적었다. 뒤에 용례가 있다는 것을 화살표로 표시했다.

부록

1. 국내외의 메모광들

2. 참고하면 좋은 책 10권

부록은 국내외 메모광과 추천서적으로 구성되어 있다.

메모광들은 우리에게 잘 알려진 인물들을 중심으로 정리했다. 메모에 관한 책을 쓴 저자들도 대단한 메모광이지만 부록에는 포함하지 않았다. 국내의 메모광들은 역사 속 인물과 작가, 기업인, 연예인, 운동선수 · 감독 등 5개 분야로 나눠 소개한다. 각계에 포진한 수많은 숨은 고수들 가운데 단지 일부분일 뿐이다.

추천서적 10권은 필자가 읽은 책 중에서 선별했다. 부록에 포함하지 않은 책들 중에도 좋은 책들이 많이 있다. 오로지 필자의 개인적 기준에 따라 선정한 것임을 밝혀둔다.

부록 1 : 국내외의 메모광들

해외인물

빌 게이츠 (Bill Gates. 미국 마이크로소프트 창업자. 1955~)

좋은 아이디어가 떠오르면 기록을 한다. 불길한 생각까지도 적는다. 메모를 할 때는 종이를 사용하는데, 종이를 4개 구역으로 나누어서 각각 다른 생각을 적는다.

요한 볼프강 폰 괴테 (Johann Wolfgang von Goethe. 독일 작가. 1749~1832)

마차를 '이동여관'이라고 표현할 만큼 여행을 즐겼다. 마차를 타고 이동 중에 언제든 메모할 수 있도록 마차 안에 항상 메모수첩과 연필을 챙겨두었다. 시를 쓴 후에는 아래쪽에 날짜를 적었다.

보나파르트 나폴레옹 (Bonaparte Napoleon . 프랑스 정치가·군인. 1769~1821)

전쟁터에 나갈 때도 책을 마차 가득 싣고 나갈 정도로 독서광이었다. 전투 중 막사에서 틈이 나거나 이동할 때도 책을 읽었다. 책을 읽고 나서는 분야별로 메모를 남겼다.

아이작 뉴턴 (Isaac Newton. 영국 과학자·수학자. 1642~1727)

노트에 꼼꼼히 생각을 정리하고, 책을 읽다가 생기는 의문은 메모해 두었다가 해답을 찾았다. 4,000여권의 노트를 남겼으며, 훗날 사람들은 뉴턴의 노트를 '생각의 샘'이라고 불렀다.

프리드리히 니체 (Friedrich Wilhelm Nietzsche. 독일 시인·철학자. 1844~1900)

책 구절이나 잠언, 시, 작품구상 등을 적어놓은 방대한 메모를 남겼다. 니체의 유고는 그의 전집 중 반 이상을 차지한다. 산책을 하면서 떠오르는 생각을 메모해 두는 습관도 있었다.

레오나르도 다빈치 (Leonardo da Vinci. 이탈리아 화가. 1452~1519)

떠오르는 아이디어를 기억하고 구체화하기 위해 때와 장소를 가리지 않고 메모했다. 그가 남긴 메모는 예술, 수학, 건축학, 해부학 등 다양한 분야에 걸쳐 23권 8,000쪽에 달한다. 다빈치의 팬인 빌 게이츠는 2014년에 다빈치의 메모를 모아둔 '코덱스 해머'를

3,100만 달러에 구입했다. ⇨ 파트2_챕터6에 관련내용 수록

찰스 다윈 (Charles Robert Darwin. 영국 생물학자. 1809~1882)

해군측량선 비글호를 타고 1831년부터 5년간 항해를 할 때 관찰한 결과와 생각, 자신의 이론에 비판적인 주장 등을 자세히 기록했다. 3 x 4인치의 작은 노트를 사용했으며, 수십 권의 메모노트를 남겼다.

존 레논 (John Lennon. 영국 록밴드 비틀즈 멤버. 1940~1980)

비행기를 타고 이동하다가 떠오른 시상을 갖고 있던 호텔 메모지에 적었는데, 후에 'Imagine'이라는 명곡으로 탄생했다. 'A Day in the Life'의 가사를 적은 종이는 120만불에 낙찰되었다. ⇨ 파트2_챕터3에 관련내용 수록

조앤 롤링 (Joan K. Rowling. 영국 소설가. 1965~)

어머니의 영향으로 어린 시절부터 책과 생각하고 메모하는 것을 좋아했다. 전세계적으로 성공을 거둔 '해리 포터' 시리즈도 구상한 작품을 종이에 간단히 스케치하는 데서 시작됐다.

니클라스 루만 (Niklas Luhmann. 독일 사회학자. 1927~1998)

자신의 생각을 적어 메모상자(제텔카스텐)에 보관하는 독창적인 메모방식을 사용하여 총 58권의 저서와 수백 편의 논문을 썼다. 루만의 메모상자에는 약 9만 개의 메모가 들어 있다.

알렉산드르 류비셰프 (Aleksandr Aleksandrovich Lyubishev. 러시아 곤충학자. 1890~1972)

일과를 시간대별로 기록하는 철저한 시간관리로 '시간을 정복한 남자'로 불린다. 읽은 책은 요점을 정리하고 비판적으로 분석했다. 70권의 서적을 발표했으며 1만 2,500여 장의 자료를 남겼다.

에이브러햄 링컨 (Abraham Lincoln. 미국 16대 대통령. 1809~1865)

모자 안에 항상 종이와 연필을 넣어 다니다가 떠오르는 생각이나 다른 사람들의 말을 메모했다. 책을 읽을 때에도 기억할 만한 이야기나 구절이 나오면 적어두었다가 연설문 작성 등에 참고했다.

폴 매카트니 (Paul McCartney. 비틀즈 멤버. 1942~)

이동하는 동안에 비행기 등 어디든 가리지 않고 착상이 떠오르면 바로 메모했다.

미셸 몽테뉴 (Michel Eyquem de Montaigne. 프랑스 철학자·문학가. 1533~1592)

몽테뉴는 기억력이 좋지 않아 책을 읽은 후 잊어버리는 단점을 보완하기 위해 책에 밑줄을 긋고 자신의 생각을 여백과 마지막 페이지에 적었다. 《수상록》은 이러한 메모의 결과로 탄생했다.

에드바르트 뭉크 (Edvard Munch. 노르웨이 화가. 1863~1944)

뭉크는 떠오르는 생각을 메모해두는 습관이 있었으며, 이러한 습관은 그림으로 연결되었다. 하늘이 핏빛으로 변하는 모습을 적은 1892년 메모는 유명한 『절규』를 이해하는 열쇠가 되고 있다. ⇨ 파트2_챕터2에 관련내용 수록

워런 버핏 (Warren Buffett. 미국 사업가·투자자. 1930~)

지독한 독서광이자 메모광이다. 13세 때는 신문배달을 하면서 효율적으로 신문을 돌리기 위해 집과 집 사이의 가장 짧은 길을 메모하기도 했다. 투자에 앞서 기업분석 메모를 했다.

베르나르 베르베르 (Bernard Werber. ,프랑스 소설가. 1961~)

망각과 싸우는 방법으로 꿈을 기록하고 만나는 사람들에 관해 메모를 한다. 소설을 쓰는 것도 생각이 사라지기 전에 붙잡아두기 위한 것이라고 한다.

프랜시스 베이컨 (Francis Bacon. 영국 철학자. 1561~1626)

메모습관 덕분에 《수상록》 등 수많은 저술을 남겼다. "느닷없이 떠오르는 생각이 가장 귀중한 것이며, 보관해야 할 가치가 있는 것이다. 메모하는 습관을 갖자"는 말을 했다.

루트비히 판 베토벤 (Ludwig van Beethoven. 독일 작곡가. 1770~1827)

산책을 하고 돌아와 많은 메모를 했다. 가계부도 적었다. 44세 때 청력을 완전히 잃게 되는데 당시의 아픔과 고민이 수많은 메모로 남아있다. 이렇게 기록하는 습관이 생각을 정리하고 악상에 대한 영감을 떠올리는 데 영향을 주었다. 현악 4중주 16번 악보에 적은 "괴로워하다 힘들게 내린 결심. 그래야만 할까? 그래야만 한다"는 메모가 유명하다. ⇨ 파트1_챕터5에 관련내용 수록

프란츠 슈베르트 (Franz Peter Schbert. 오스트리아 작곡가. 1797~1828)

길을 걷거나 식사할 때 등 영감이 떠오르면 입고 있던 코트, 계산서, 봉투 등 아무 곳에나 메모를 했다. 이러한 메모를 통해 31세의 짧은 인생을 살았음에도 998개의 작품을 남길 수 있었다.

아리스토텔레스 (Aristoteles. 그리스 철학자. BC 384~322)

"천재가 따로 있는 것이 아니라 메모광이 있을 뿐이다"라며 메모의 중요성에 대해 이야기했다.

알버트 아인슈타인 (Albert Einstein. 독일 태생 물리학자. 1879~1955)

머릿속에 떠오르는 것을 잊어버리지 않도록 메모했다. 연구실이 어디냐고 묻는 질문에 만년필을 보여주었다는 일화가 있다. 지난 2017년에 그의 메모 2장이 20억원이 넘는 금액에 낙찰되었다.

토머스 에디슨 (Thomas Alva Edison. 미국 발명가. 1847~1931)

항상 작은 수첩을 갖고 다니면서 아이디어와 보고 들은 것을 기록했다. '해야 할 일'도 정리해두고 수시로 확인하며 실천했다. 실패

한 연구사례도 적어두었다. 이렇게 평생 기록한 수첩이 3,400권에 달한다. 책의 여백에도 메모를 했다.

잭 웰치 (Jack Welch. 미국 GE 회장. 1935~2020)

항상 메모하는 습관이 있었다. 식당에서 부인과 식사 중 갑자기 눈앞에 보인 냅킨에 동그라미 세 개를 그리고 'Core, High Tech, Service'라고 적었다. GE가 나아갈 방향은 이렇게 탄생했다.

스티브 잡스 (Steve Jobs. 미국 애플 창업자. 1955~2011)

자신의 모든 것을 메모할 정도로 자타공인 메모광이었다. 이러한 메모 습관이 스마트폰 혁명을 가져온 아이폰 발명으로 이어졌다. 2012년에는 19세 때 쓴 메모가 2만 7,500달러에 낙찰되었다. ⇨ 파트2_챕터6에 관련내용 수록

장횡거 (張橫渠. 중국 북송시대 학자. 1020~1077)

집 여기저기 붓과 벼루를 놔두고 자다가도 생각나는 것이 있으면 일어나서 적었다. 주자가 이를 '묘계질서'(妙契疾書. 깨달음이 있으면 재빨리 기록했다)라고 했는데, 여기서 '질서'가 유래했다.

윈스턴 처칠 (Winston Churchill. 영국 정치가. 1874~1965)

개인적 메모와 공문서에 생각을 적은 것을 보관했다가 대작 6권 - 《폭동이 몰려온다》, 《가장 훌륭한 시간》 등 - 을 집필했다. 독서와 관련해서도 "책을 읽을 시간이 없으면 만지고 쳐다보기라도 하라"는 유명한 말을 남겼다.

임마누엘 칸트 (Immanuel Kant. 독일 철학자. 1724~1804)

칸트는 오후 정해진 시간에 산책을 나감으로써 사람들이 여기에 맞춰 시계를 맞췄다는 얘기가 있을 정도로 규칙적인 삶을 살며 집필활동을 했다. 집필 과정에서 방대한 양의 메모를 했다.

레프 톨스토이 (Lev Nikolayevich Tolstoy. 러시아 소설가·사상가. 1828~1910)

연필과 메모장을 항상 가지고 다닌 메모광이었다. 《전쟁과 평화》를 쓰기 위해 소설의 배경이 되는 전투장소를 여러 차례 방문해서 자료를 메모로 남겼다. 일기도 19세 때부터 평생 썼다.

리처드 파인만 (Richard Feynman. 미국 이론물리학자. 1918~1988)

'연구실의 공책 자체가 생각의 과정'이라고 할 정도로 종이 위에 메모를 해가며 연구를 했다. 1965년 양자전기역학 연구업적으로 노벨 물리학상을 공동수상한 데는 메모가 기여한 바가 크다.

벤저민 프랭클린 (Benjamin Franklin. 미국 정치가·발명가. 1706~1790)

절제 등 13가지 삶의 지침을 수첩에 적고 실천 여부를 점검했다. 자서전에서 "내가 행복한 삶을 살아온 데는 수첩의 공이 컸다"고 말한다. 현재 우리가 사용하고 있는 '프랭클린 플래너'는 그의 메모법에서 시작된 것이다. 책을 읽을 때는 한 손에 펜을 들고 있다가 유용한 부분을 공책에 짧게 몇 자라도 적으라고 조언한다.

조지 해리슨 (George Harrison. 비틀즈 멤버. 1943~2001)

다른 비틀즈 멤버들과 마찬가지로 메모광이었다. 자서전에서 메모 습관에 대한 내용을 자세히 소개하고 있다.

어니스트 헤밍웨이 (Ernest Hemingway. 미국 소설가. 1899~1961)

창작 메모를 몰스킨 수첩에 적었다. 원고와 복사본이 든 가방을 통째로 잃어버린 경험이 있어 수첩을 소중하게 다뤘다. 책 귀퉁이에 메모하는 습관도 있었는데, 읽고 있는 책에 관한 내용 뿐 아니라 하고 싶은 일, 건강상태 등 생각나는 것들도 적었다.

국내인물

1. 역사 속 인물

성명	메모 관련 내용
박제가	1778년 저술한 《북학의》는 중국 사신 행렬에 끼어 도착한 연경에서 벽돌 하나하나를 관찰하고 책과 문방사우를 파는 거리를 밤늦도록 꼼꼼히 살피면서 이를 종이에 기록한 덕분에 탄생했다.
박지원	보고 들은 것을 언제든 메모하는 습관을 갖고 있었다. 《열하일기》는 연암이 사절단의 일원으로 청나라에 갔을 때 3개월 동안 경험한 여정과 느낌을 메모한 책인데, 말안장의 좌우 주머니에 벼루, 먹, 붓, 작은 크기의 공책을 넣어가지고 다녔다.
세조	서당에서 글씨 연습용으로 사용하는 분판을 곁에 두고 생각날 때마다 바로 기록했다. '교묘한 기억보다 서투른 필기가 낫다'며 신하들에게 필기 습관을 권장했다.
안창호	기록을 중요하게 여겨 모든 것을 버리지 않고 기록으로 남겼다. 일기도 꼼꼼하게 썼는데, 임시정부에 누가 방문해서 어떤 협의를 했는지 등을 상세하게 적었다.

이순신	'철저한 기록'은 왜적에 단 한 번도 패하지 않은 요인이 되었다. 병법서에서 읽은 내용을 난중일기 여백에 기록하기도 하고, 전쟁자금 회계 내역을 적기도 했다.
이익	그의 학문은 메모로 시작해서 메모로 끝났다. 《성호사설》 등 모든 저술이 사색과 메모의 집적물이다. 일상에서 일어난 소소한 일까지도 놓치지 않고 꼼꼼히 적어두었다.
정약용	500여 권의 방대한 책을 저술한 것은 메모광이었기 때문에 가능했다. 책을 읽을 때 느낀 점과 중요내용을 적어두었다. 강진 다산기념관 비석에는 "생각이 떠오르면 수시로 기록하라. 머리를 믿지 말고 손을 믿어라"는 말이 새겨져 있다. ⇨ 파트1_챕터2에 관련내용 수록

2. 작 가

성명	메모 관련 내용
강원국 (작가)	평소에 생각나는 것, 책을 읽다가 발견한 좋은 구절 등을 수시로 메모한다. 가장 쉽게 글을 쓸 수 있는 방법으로 메모 습관화를 권한다. '메모란 씨를 뿌리는 일'이라고 말한다.

고정욱 (소설가)	책을 많이 쓰는 작가 중 한 명이다. 여기에는 메모하는 습관이라는 비결이 숨겨져 있다. 그의 집에는 바구니가 하나 있는데 직접 메모해 놓은 글귀로 가득차 있다. 그는 늘 메모를 한다. 일기도 수십 년간 쓰고 있다.
김수영 (시인)	외출 시 필요할 때마다 담뱃갑 종이를 찢어서 메모했다. 김수영 문학관 벽에는 그의 아내가 빨래를 하려고 옷을 살펴보면 호주머니 속에 메모가 수두룩하게 나왔다는 내용이 적혀 있다.
김영하 (소설가)	셔츠 앞주머니에 쏙 들어가는 크기의 수첩을 갖고 다니면서 필요한 사항이 있으면 만년필을 꺼내 메모한다. 식사를 하거나 미용실에 갈 때 등 가리지 않고 언어를 수집해서 수첩에 적는다. ⇨ 파트2_챕터3에 관련내용 수록
김주영 (소설가)	《객주》를 연재하는 5년 동안 장이 서는 곳마다 찾아다니며 민초들의 이야기와 언어를 채집했다. 이문구 작가는 김주영의 메모노트를 '작가의 모세혈관'이라고 표현했다.
나태주 (시인)	시상이 떠오를 때마다 휴대폰에 메모한다. 산책을 할 때, 차를 마실 때, 기자와 인터뷰를 하다가도. 그의 시들은 대부분 이렇게 떠오른 시상을 메모해둔 것들이다.

송일호 (소설가)	메모광이라고 불릴 만큼 평소에 많은 메모를 한다. '글짓기의 출발점은 메모'라고 말한다. 20년간 메모한 다이어리 20여권을 작품세계 소개전에서 전시하기도 했다.
안정효 (번역가. 소설가)	일상 속에서 작품에 활용할 만한 것이 있으면 모두 종이에 적는다. 이렇게 모은 메모는 적당하게 분류해 놓는다.
장석주 (시인. 평론가)	하루에 다섯 시간씩 책을 읽는 다독가이다. 책을 읽을 때 떠오르는 아이디어를 모두 메모한다.
정채봉 (동화 작가)	항상 메모를 했다. 메모지와 찢어진 쪽지에 시를 적기도 했는데 이들 시는 유일한 시집으로 엮여져 출간되었다.
정호승 (시인)	그때그때의 느낌과 생각을 스마트폰에 메모한 후 노트북 파일에 옮겨 적는다. 이렇게 평소에 메모한 것을 갖고 두세 달 몰아서 시를 쓴다. "메모해 놓지 않으면 머릿속에서 사라져 버린다. 기억력을 믿으면 안 된다"고 말한다.
조성관 (작가)	책과 신문에서 읽은 내용과 사람들과 만났을 때 얻은 지식 등을 수첩에 적어놓고 여기서 글감을 찾는다. "머리가 아무리 좋아도 메모를 당할 수 없다", "기록만큼 오래 가는 게 없다"고 말한다.

한비야 (작가. 구호 활동가)	'또렷한 기억보다 희미한 연필자국이 낫다'고 확신하고 있다. 하루도 빠짐없이 일기를 쓴다. 《지도 밖으로 행진하라》와 같은 베스트셀러들은 일기장의 기록들 덕분에 가능했다.
허영만 (만화가)	꾸준한 창작활동의 저력에는 메모가 있다. 메모를 하려고 작정하고 집을 나서서 사람들과 거리 모습, 떠오르는 생각들을 메모한다. 《식객》을 그릴 때는 매달 두 번 전국을 돌았다. 메모들을 분류해서 파일에 넣어 보관한다. ⇨ 파트1_챕터3에 관련내용 수록

3. 기업인

성명	메모 관련 내용
김수공 (전 농협 경제부문 대표)	메모지가 없을 때는 화장지 같은 곳에도 적는다. 일어나자마자 전날 적은 메모부터 꺼내 정리한다. 정리한 메모는 박스에 넣어 보관한다.
김영세 (이노 디자인 대표)	냅킨에 다지인을 하는 것으로 유명하다. 《12억원짜리 냅킨 한 장》이라는 책도 냈다. 비행기로 이동 중에 제품 디자인이 머릿속에 떠오를 때가 많은데, 이럴 때는 승무원에게 냅킨과 연필을 요청해서 스케치해 둔다. "아이디어는 우리 삶 속에 숨어 있다"는 말을 했다.

문창기 (이디야 회장)	성공할 수 있었던 가장 큰 이유로 메모하는 습관을 든다.
손정의 (재일교포. 소프트뱅크 회장)	언제 아이디어가 떠오를지 몰라 늘 필기도구를 가지고 다닌다. 이러한 기록 습관 덕분에 일본 제일의 부자가 될 수 있었다. 두 개의 단어장에 단어를 적었다가 동시에 넘겨서 나온 단어에 착안해 아이디어를 내는 방식으로 새로운 상품을 개발하기도 한다. ⇨ 파트2_챕터6에 관련내용 수록
윤종용 (전 삼성 전자 부회장)	CEO 메모광 중 한 명이다. 회의 내용은 물론 자신의 지시사항까지도 작은 수첩에 적어둔다. 중학생 때부터 일기도 쓰고 있다.
이건희 (전 삼성 그룹 회장)	메모광이었던 부친 이병철 회장의 영향을 받아 기록을 중요시했다. "기록만이 실수를 바로잡을 수 있다"면서 임원 승진자들에게 만년필을 선물했다. 식사를 하거나 신문을 보며 생각나는 것이 있을 때마다 메모를 남기고 계열사에 전달했다.
임정배 (대상 대표)	꼼꼼히 메모하는 것을 오랜 습관으로 갖고 있다. 미팅에 앞서 상대편 회사에 대한 분석을 준비하는데, CEO가 된 이후 이러한 습관이 큰 도움이 되고 있다고 한다

조성진 (전 LG 전자 부회장)	'메모광'이라는 말을 들을 정도로 메모를 열심히 한다. 스타일러도 그의 이러한 메모 습관에서 탄생했다. ⇨ 파트1_챕터3에 관련내용 수록
이제석 (광고인)	아이디어를 얻기 위해 생각에 생각을 거듭하고 메모하는 습관이 있었다.

4. 연예인

성명	메모 관련 내용
권진아 (싱어송 라이터)	일상생활 속 모든 것이 가사에 대한 영감이 된다. 번뜩이는 아이디어가 떠오르면 바로 메모를 해놓는다.
붐 (MC. 가수)	순간순간 떠오르는 추임새와 전에 유행했던 랩가사 등을 휴대폰 메모장에 적어넣고 필요할 때 사용한다. ⇨ 파트2_챕터3에 관련내용 수록
세정 (걸그룹 구구단 멤버)	일상생활을 하다가 떠오르는 문장이나 단어, 노랫말 등을 휴대폰 메모장에 꼼꼼히 적어둔다. 이렇게 메모하는 습관이 가사를 쓰는 데 많이 도움이 된다. ⇨ 파트1_챕터3에 관련내용 수록

신현준 (배우)	오래 전부터 메모하는 습관을 계속해 오고 있다. "메모하는 시간이 특별한 시간이 되었다"고 말한다. 메모한 것을 엮어서 《울림》이라는 책을 냈다. ⇨ 파트1_챕터2에 관련내용 수록
양희은 (가수)	스스로를 '비교적 메모에 강한 편'이라고 평가한다. TV 음식 프로그램을 진행할 때는 작은 노트에 할머니들의 반찬 만드는 방법을 꼬박꼬박 적은 후 꼭 복습했다.
엄혜란 (배우)	대본을 연습할 때 항상 노트에다 기록을 한다. 이러한 모습은 주변의 후배 연기자들에게 깊은 인상을 남긴다.
이건우 (작사가)	하루에도 수십 개씩 메모를 한다. '아모르 파티' 같은 인기 있는 노래의 배경에는 이같은 메모 습관이 있었다.
임창정 (가수)	좋은 멜로디나 글귀가 떠오르면 메모하거나 녹음을 한다. 이렇게 쌓아둔 것을 앨범 만들기 3개월 전부터 정리한다.
하정우 (배우)	연기노트에 작품과 캐릭터 분석에 대해 빼곡하게 메모해 놓는다. 한 예능 프로그램에서 메모가 적힌 연기노트를 공개한 적도 있다.

5. 운동선수 · 감독

성명	메모 관련 내용
김정환 (펜싱)	습관적 메모광이다. 연습한 것을 평소에 메모해 둔다. 경기 때는 손등 같은 데 요점 정리된 메모를 써놓았다가 경기장에 올라가기 전에 읽는다.
김진욱 (야구 감독)	경기중에도 노트를 꺼내 기록을 할 정도로 메모광이다. 메모를 하다보면 모르고 있거나 깨닫지 못한 부분을 알 수도 있다면서 선수들에게 메모광이 되라고 말한다.
박현경 (골프)	'지독한 메모광'이다. 초등학교 때부터 골프일지를 적고 있는데, 연습내용과 문제점 등을 꼼꼼히 기록한다.
설기현 (축구 감독)	항상 작은 수첩을 들고 다니면서 훈련내용을 메모한다. 이렇게 메모한 것을 갖고 선수들을 지도한다.
이영준 (야구 투수)	'수첩왕자'라고 불린다. 훈련 내용, 동료들의 건의사항, 경기 때 투구내용과 느낌 등을 꼼꼼히 기록한다.

부록 2 : 참고하면 좋은 책 10권

● 글쓰기의 상식에 헤딩하기

(유귀훈, 블루페가수스, 2020.8)

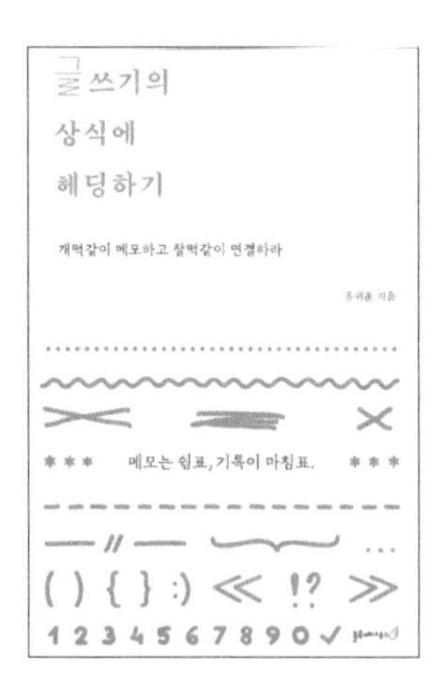

글쓰기에 관한 책이면서 메모에 관한 책이기도 하다. 저자는 '메모를 모으고, 이것을 연결하면 책이 된다'는 것을 수많은 사례를 들어가며 설명한다. '메모=자료', '메모는 모으는 것', '기록은 연결하는 것' 등 참고할 만한 내용들이 많다.

〈 저자소개 〉 대학 졸업 후 전업작가로 활동하고 있다. 포스코, 삼성전자, 현대자동차 등 20여개 기업의 기업역사 책과 10여 권의 단행본을 썼다. 《호암의 마지막 꿈》, 《기록 입문》, 《유귀훈의 기록노트 1, 2》 등이 그가 쓴 책이다.

● 기록하기로 했습니다
(김신지, 휴머니스트, 2021.2)

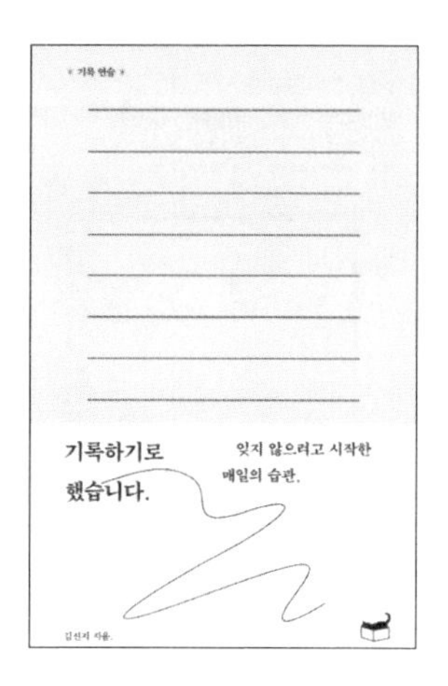

실용서와 에세이의 중간이라고 할 수 있는 책이다. 에세이 형식으로 되어 있는 책이라서 다가가기에 부담 없는 책. '무엇을 기록할까?'에 대한 작가의 경험과 생각이 담겨 있다. 책을 읽고 나면 메모를 하고 싶어질 것이다.

〈 저자 소개 〉 여러 잡지에서 에디터로 일했다. 현재는 MZ 세대 트렌드를 잘 파악하는 것으로 정평이 나 있는 뉴스레터 '캐릿'(Careet)의 에디터로 활동하고 있다. 《평일도 인생이니까》, 《좋아하는 걸 좋아하는 게 취미》 등의 다른 저서도 있다.

● 인생이 두근거리는 노트의 마법

(컴투게더 노트연구회, 라이팅하우스, 2017.11)

'다꾸' 사용법이라고도 할 수 있는 책이다. 20명의 노트 사용 사례를 자세히 설명한다. 제목은 노트지만 일반적인 메모 사례로도 충분히 활용 가능하다. 프롤로그와 목차를 Part 1에 넣는 등 책 편집에도 신경을 쓴 만큼 내용도 충실하다.

〈 저자 소개 〉 대만의 노트쓰기 전문가들이다. '노트 쓰기야말로 집중력과 관찰력을 키워줄 수 있는 가장 좋은 방법'이라고 믿고 있으며, 전 세계를 다니면서 개성 넘치고 창의적인 노트를 발굴해 소개하고 있다. 대만 노트왕들의 이야기를 담은 《너의 노트를 보여줘》도 이들이 썼다.

● 메모 습관의 힘

(신정철, 토네이도, 2015.11)

메모의 중요성, 활용방법, 메모하는 방법 등 메모에 관한 중요한 사항들이 모두 망라되어 있다. 저자는 메모를 다양하게 활용하고 있는데, 핵심은 독서와 글쓰기다. 쉬운 문장으로 사진과 블로그에 올린 글 등을 많이 수록하고 있어 읽기 편하다.

〈 저자 소개 〉 서울대 응용화학부 졸업 후 전자회사에서 연구원으로 일하고 있다. 책 읽기와 글쓰기의 경계를 넘나들며 삶의 지평을 넓혀가는 독서애호가로서 독서모임과 블로그를 운영한다. 이 책의 독서 관련내용을 자세하게 소개한 《메모 독서법》을 썼다.

● 메모의 마법
(마에다 유지, 비즈니스북스, 2020.3)

'마법'이라고 해도 좋을 만한 메모의 여러 가지 효용에 대해 설명하고 있다. 몰스킨 노트의 양면을 모두 사용한 3단계 메모법, 4색 볼펜 사용, 날짜 기입 등 본인이 사용하고 있는 메모방법에 대해서도 자세히 알려준다.

〈 저자 소개 〉 일본 와세다대학 졸업 후 투자 컨설턴트 등으로 일했다. 현재는 동영상 스트리밍 플랫폼인 '쇼룸' 대표이사를 맡고 있다. 가장 주목받는 젊은 기업가 중 한 명이다. 저서로는 자신의 성공 스토리를 담은 《인생의 승산》이 있다.

● 메모의 재발견
(사이토 다카시, 비즈니스북스, 2017.9)

메모의 중요성을 설명하고, 다양한 메모 활용법을 구체적으로 들려준다. 강연을 들을 때 요점을 세 가지로 압축하는 것과 같이 업무와 일상생활에서 실제 적용할 수 있는 방법들도 많이 담겨 있다. 저자는 손으로 직접 쓰는 것을 추천한다.

〈 저자 소개 〉 일본 메이지 대학교 문학부 교수. 지식과 실용을 결합한 자신만의 스타일로 문학, 교육심리학, 글쓰기 등 다양한 분야에서 왕성한 집필활동을 하고 있다. 그의 저서는 《혼자 있는 시간의 힘》, 《독서는 절대 나를 배신하지 않는다》 등 100여 권이 넘는다.

● 성공한 사람들의 메모하는 방법

(나카지마 다카시, 시간과공간사, 2006.6)

쉽고 간결해서 읽기 편하면서도 메모의 개념과 필요성 등 메모에 관해 중요한 사항들을 거의 대부분 담고 있다. 책 크기도 46판(127mm x 188mm)의 작은 사이즈여서 부담 없이 읽을 수 있다. 책을 쓸 때 10단으로 된 파일 캐비닛을 사용한다는 내용도 있다.

〈 저자 소개 〉 대학 졸업 후 일본 PHP 연구소와 동양경제신문사에 근무했으며 현재는 경영컨설턴트 등으로 활동하고 있다. 일본 최고의 경제경영 분야 베스트셀러 저자다. 《리더의 그릇》 등 그의 저서들은 600만부 이상의 누적 판매량을 기록하고 있다.

● 생각의 쓰임
(생각노트, 위즈덤하우스, 2021.4)

한마디로 'SNS를 기록공간으로 활용하기 위한 가이드북'이라고 할 수 있다. '해석 기르기' 4단계(관찰, 기록, 질문, 해석), 트위터를 책 속 좋은 문장과 내 생각 기록에 활용하기, 전자책을 독서에 활용하기, 신문여백에 생각 메모하기 등 참고할 만한 내용이 많다. 46판(127mm x 188mm) 크기다.

〈 저자 소개 〉 2016년 '생각노트'라는 이름으로 마케터로서의 관심사를 블로그에 기록하기 시작했으며, 이후 지금까지 익명으로 활동하고 있다. 현재는 IT 서비스 기획자로 일하고 있다. 《도쿄의 디테일》과 《교토의 디테일》의 저자다.

● 제텔카스텐

(숀케 아렌스, 인간희극, 2021.5)

학자, 학생, 작가들을 위한 글쓰기 책이다. 학문적 냄새가 물씬 풍긴다. '영구보관용 메모'(생각을 적는 것)와 각 메모간 링크 등 독일 사회학자 루만의 메모방법을 자세히 소개한다. 글을 효과적으로 쓰려는 사람들이 참고하면 좋을 책이다.

〈 저자 소개 〉 독일의 교육 · 사회과학 분야 연구자 겸 작가이다. 독일 뒤스부르크-에센 대학교에서 교육철학을 강의하고 있으며 학생, 학자, 전문들을 대상으로 시관관리, 의사결정, 자기계발 코칭도 하고 있다. 독일 학술상을 수상한 《세상을 폭로하는 방식으로서의 실험과 탐구》를 썼다.

● 종이 위의 기적, 쓰면 이루어진다

(헨리에트 앤 클라우저, 한언, 2004.8)

메모(기록, 일기)를 목표 · 꿈을 세우고 실현하는 데 활용하는 방법을 알려준다. 책에는 '중요한 것은 기다리지만 말고 무언가를 시도하는 것'과 같은 좋은 표현이 많으며 계획일지, 순간일지, 아이디어 기록 등 메모 방법도 일부 소개되어 있다. 긍정적이고 적극적인 에너지로 가득하다.

〈 저자 소개 〉 기록이 목표정립, 관계수립에 미치는 영향에 대해 전문적으로 연구 · 강의하고 컨설턴트로도 활동하고 있다. "종이와 펜만 있다면 누구나 삶의 기적을 일으킬 수 있다"고 강조한다. 《과학적이고 효과적인 기록법》 등 베스트셀러의 저자다

EPILOGUE

메모를 주제로 책을 쓰려는 생각을 한 것은 오래 전의 일이다. 2009년에 《노트 한 권으로 끝내는 메모력》이라는 책을 읽고 본격적으로 메모를 하기 시작했으니까 아마도 그 무렵일 것 같다. 벌써 10년이 넘은 것이다. 그동안 책쓰기와 자료정리를 주제로 책을 내면서도 항상 머릿속 한 구석에는 메모에 관한 책을 써야 한다는 생각이 '풀어야 할 과제'로 자리잡고 있었다. 이번에 이 책을 씀으로써 오랜 과제를 해결한 셈이다.

책을 쓰면서 메모의 중요성을 더욱 실감했다. 메모를 활용하는 다양한 사례들을 접하면서 내가 메모의 효용성을 채 절반도 활용하지 못하고 있다는 생각도 들었다. 앞으로 평생 메모를 계속할 것이고, 그러한 과정에서 좀 더 편리하고 효율적인 방식으로 나의 메모방식도 '진화'하게 될 것이다. 언젠가 한층 업그레이드된 메모방식을 갖고 독자들과 다시 만나게 될 지도 모르겠다.

이 책을 꼼꼼하게 읽은 분들이라면 메모를 잘 활용해야겠다는 생각을 하게 되고 마음에 드는 방법도 몇 가지 찾았을 것이다. 그렇다면 이제 남은 건 해보는 것이다. 뭐든 새로 시작하는 건 망설여지고 힘들다. 하지만 습관이 되고 나면 쉽다. 메모도 마찬가지다. 몇 번 해보는 데서 그치지 않고 꾸준히 지속한다면 메모는 틀림없이 소중한 '삶의 동반자'가 되어줄 것이다.

필자는 졸저인 《정리의 스킬》에서 자료정리를 학교 교과목으로 개설하고 기업의 직무교육 과정에도 포함시키면 좋겠다고 적었다. 메모에 대해서도 똑같은 생각이다. 메모를 잘 활용하면 개인의 능력이 제고되고 그만큼 국가 경쟁력 강화에도 도움이 될 것이다. 사람들이 어떻게 메모를 활용하고 있는지만 알려줘도 많은 사람들이 메모에 관심을 갖게 되고 메모의 생활화로 이어질 것이다. 몇몇 학교와 기업에서부터라도 이런 시도가 이루어져서 '메잘러'(메모를 잘하는 사람)들이 점점 더 많아지기를 바라는 마음이다.

이 책이 나오는 데는 많은 분들의 도움이 있었다. 첫 책 출간 이후 계속해서 좋은 인연이 이어지고 있는 가나북스 배수현 대표님, 영원한 책쓰기 멘토 김병완 작가님, 언제나 든든한 후원자가 되어

주고 있는 학영 선배, 책쓰기의 길을 함께 걷고 있는 친구 인상, 원고를 자세히 읽으면서 교정을 봐주고 더 나은 책이 될 수 있도록 조언해준 상재 · 성국님에게 감사드린다. 그리고 일본에서 직장생활을 하느라 바쁜 가운데서도 멋진 표지 디자인을 해준 조카 지훈과, 항상 곁에서 응원해주고 힘이 되어주고 있는 사랑하는 아내와 딸에게도 고마운 마음을 전한다.

참고서적

* 부록2('참고하면 좋은 책 10권')에서
소개된 책은 파란색으로 표시

《글쓰기의 상식에 헤딩하기》, 유귀훈, 블루페가수스, 2020.8

《기록의 쓸모》, 이승희, 북스톤, 2020.5

《기록하기로 했습니다》, 김신지, 휴머니스트, 2021.2

《기록하는 인간》, 정대용, 지식공감, 2017.4

《기록형 인간》, 이찬영, 매일경제신문사, 2014.12

《기적의 메모술》, 이케다 요시히로, 라의눈, 2019.2

《기적의 일노트》, 기적의 일노트 보급위원회, 위즈덤하우스, 2012.5

《나는 손으로 기억했다》, 김운영, 가나북스, 2019.1

《나를 바꾼 기록 생활》, 신미경, 뜻밖 2021.2

《노트 한 권으로 끝내는 메모력》, 오쿠노 노부유키, 21세기북스, 2009.2

《뇌를 움직이는 메모》, 사카토 켄지 비즈니스세상, 2009.8

《둔한 머리가 총명한 머리를 이긴다》, 김연진, 더로드, 2020.2

《메모는 기억보다 강하다》, 시모노세키 마구로, 이코북, 2008.1

《메모 독서법》, 신정철, 위즈덤하우스, 2019.3

《메모로 나를 경영하라》, 오경수, 상상미디어, 2015.3

《메모 습관의 힘》, 신정철, 토네이도, 2015.11

《메모의 기술》, 사카토 켄지, 해바라기, 2003.5

《메모의 마법》, 마에다 유지, 비즈니스북스, 2020.3

《메모의 재발견》, 사이토 다카시, 비즈니스북스, 2017.9

《메모의 힘》, 유근용, 한국경제신문, 2017.8

《모눈노트 공부법》, 다카하시 마사후미, 알에이치코리아, 2016.1

《미라클 라이팅》, 강현순, SISO, 2018.1

《생각의 쓰임》, 생각노트, 위즈덤하우스, 2021.4

《생각 정리를 위한 노트의 기술》, 이상혁, 생각정리연구소, 2017.4

《성공하는 사람들의 메모습관 & 노트기술》, 혼다 나오야, 시대의창, 2009.2

《성공하려면 기억하지 말고 메모하라》, 사이토 요이치, 동해출판, 2006.11

《성공한 사람들의 메모하는 방법》, 나카지마 다카시, 시간과공간사, 2006.6

《슈퍼리치의 메모》, 신동일, 이콘, 2019.9

《스마트폰 메모》, 스도 료, 책밥, 2020.7

《아무튼, 메모》, 정혜윤, 위고, 2020.3

《에버노트 사용설명서 2nd Edition》, 홍순성, 영진닷컴, 2018.2

《인생이 두근거리는 노트의 마법》, 컴투게더 노트연구회, 라이팅하우스, 2017.11

《일기, 나를 찾아가는 첫걸음》, 스테파니 도우릭, 간장, 2011.1

《정리의 스킬》, 유영택, 가나북스, 2020.2

《제텔카스텐》, 숀케 아렌스, 인간희극, 2021.5

《종이 위의 기적, 쓰면 이루어진다》, 헨리에트 앤 클라우저, 한언, 2004.8

《책벌레와 메모광》, 정민, 문학동네, 2015.1

《천문학자는 별을 보지 않는다》, 심채경, 문학동네, 2021.2

《퍼스트클래스 승객은 펜을 빌리지 않는다》, 미즈키 아키코, 중앙북스, 2013.9

《펜 메모 덕후의 아날로그 집중력 도구》, 황 다니엘, 드림공작소, 2020.1

《평소의 발견》, 유병욱, 북하우스, 2019.8

《한국의 메모 달인들》, 최효찬, 위즈덤하우스, 2010.2

《혼자여서 좋은 직업》, 권남희, 마음산책, 2021.5

《365 매일 쓰는 메모 습관》, 조병천, 북허브, 2009.11

주

1) 《제텔카스텐》, 숀케 아렌스, 인간희극, 2021.5, p.108/111

2) "무너지지 않기 위해"... 죽음의 수용소에서 이 작가를 공부했다, 조선일보, 2021.5.10

3) 사물놀이에 끌리고 한양도성에 푹... 푸른 눈의 한국문화 전도사, 동아일보, 2021.4.3

4) 《내면 산책자의 시간》, 김명인, 돌베개, 2012.12, p.297

5) 2000년 전 폼페이 식당 메뉴판엔 닭과 오리가 그려져 있었다, 한국일보 2021.4.17

6) 청도군 김영찬씨가 50년간 빼곡히 쓴 영농일지 '화제', 매일신문, 2020.2.4

7) 《메모의 정석》, 김영진 구성, 도서출판 큰방, 2013.2, p.18

8) 《둔한 머리가 총명한 머리를 이긴다》, 김연진, 더로드, 2020.2, p.15

9) 아버지가 남겨둔 레시피 딸을 부사장으로 만들다, 문화일보, 2017.4.28

10) 경제 · 문화 1번지의 새 도약... 구민 위한 '새로고침 중구', 서울신문, 2021.8.10

11) 월터의 상상은 현실이 된다, 경남신문, 2020.9.20

12) "주민 불편 메모 3천여개 '아이디어 제안은행' 됐다", 경인일보, 2021.1.4

13) 8만개 팔아치운 27살 창업가의 노트 속 뜻밖의 메모, 조선일보, 2021.9.27

14) 《메모의 재발견》, 사이토 다카시, 비즈니스북스, 2017.9, p.6

15) 기록하는 습관이 가져다 준 선물, 충북일보, 2021.7.19

16) 매일 일기 쓰고 메모하는 아이들… '범사에 감사'를 알게 됐다, 국민일보, 2020.12.11

17) 《아침 3분 365 경영코칭》, 류랑도, 쌤앤파커스, 2020.12

18) 행복은 작은 것에서, 조선일보, 2018.10.25

19) 인천농기센터, 농기계순회수리교육 인기, 일간경기, 2021.3.24

20) 뇌성마비 언어 · 지체장애 딛고 미 조지메이슨대 최고 교수까지 오른 정유선, 조선일보, 2013.9.14

21) 굳이 대접받지 않아도 좋습니다, 서울경제, 2021.3.5

22) 대통령의 서재, 조선일보, 2020.8.20

23) 아버지의 지갑, 충북일보, 2020.7.30

24) "행운의 정장 덕 취업 성공"… '열린옷장' 속 사연 2만개, 중앙일보, 2020.5.15.

25) 《삶의 의미》, 김시종, 좋은땅, 2021.5

26) 《성공한 사람들의 메모하는 방법》, 나카지마 다카시, 시간과공간사, 2006.6, p.148

27) 쌀도 품종 시대... 품종별 소포장 · 구독 · 쇼룸 등, 한겨레신문, 2020.8.6

28) 《성공한 사람들의 메모하는 방법》, 나카지마 다카시, 시간과공간사, 2006.6, p.79

29) 천재들의 공통적인 습관, 경북매일, 2020.1.2

30) 《책벌레와 메모광》, 정민, 문학동네, 2015.10, p.150-151

31) 몽블랑 585 만년필에 대하여, 광주매일신문, 2020.6.9

32) 《메모의 재발견》, 사이토 다카시, 비즈니스북스, 2017.9, p.94

33) 우리카드 10연승 비결은, 수다쟁이 감독님, 조선일보, 2020.2.8

34) 후회없이 달려본 '길의 끝'... 여행의 깊이를 찾아가다, 경북매일, 2020.7.22

35) 번역가 권남희의 언어의 바다로 인도하는 책 5, 조선일보, 2021.5.22

36) 김명리 시인의 '영혼을 매만지는 글쓰기', 경북일보, 2021.8.6

37) 《글쓰기의 상식에 헤딩하기》, 유귀훈, 블루페가수스, 2020.8, p.141

38) "인생이 항해라면, 리추얼은 등대죠", 한겨레신문, 2021.12.25

39) 5%의 노력가, 한겨레신문, 2021.1.29

40) 두 천재의 '최후'에 담긴 동기, 이데일리, 2020.12.10

41) 《글쓰기의 상식에 헤딩하기》, 유귀훈, 블루페가수스, 2020.8, p.113

42) 《노트의 기술》, 이상혁, 생각정리연구소, 2017.4, p.219

43) 《제텔카스텐》, 숀케 아렌스, 인간희극, 2021.5, p.187

MEMO

니어북스 블로그 blog.naver.com/nearbooks

블로그에 오시면 니어북스 소개와 이 책을 출판한 전 과정 등 다양한 이야기를 만나실 수 있습니다.

가슴 뛰는 삶을 위한 메모 사용 가이드북

단지 메모만 했을 뿐인데

1판 1쇄 발행 2022년 3월 15일

지은이 유영택
펴낸이 유미연
펴낸곳 도서출판 니어북스
등 록 제2020-000152호
주 소 서울시 송파구 거마로 29
전 화 070-8095-5596
이메일 nearbooks@naver.com
ISBN 979-11-977801-0-3 (13190)

니어북스는 독자 여러분의 소중한 원고를 환영합니다.
언제든 이메일 nearbooks@naver.com로 문의 주세요.